TRANSPARENT

Band 28

V&R

*Den Kindeskindern
Benedikt, Jakob, Susanne, Florentin
und Johannes
hoffnungsvoll zugeeignet*

Leopold Rosenmayr, geb. 1925, ist em. o. Professor für Soziologie und Sozialphilosophie an der Universität Wien, Leiter des Ludwig-Boltzmann-Instituts für Sozialgerontologie und Lebenslaufforschung und wirkliches Mitglied der Österreichischen Akademie der Wissenschaften.

Leopold Rosenmayr

Altern im Lebenslauf

Soziale Position, Konflikt und Liebe
in den späten Jahren

Vandenhoeck & Ruprecht
Göttingen · Zürich

Die Deutsche Bibliothek – CIP-Einheitsaufnahme

Rosenmayr, Leopold:
Altern im Lebenslauf: soziale Position, Konflikt
und Liebe in den späten Jahren / Leopold Rosenmayr. –
Göttingen ; Zürich : Vandenhoeck und Ruprecht, 1996
(Transparent ; Bd. 28)
ISBN 3-525-01720-0
NE: GT

Umschlaggestaltung: Rudolf Stöbener

Umschlagabbildung:
Ada Isensee, *Ulm*, 1983/84,
Ätzung, 105 × 82 cm (Ausschnitt)
Werkstatt: Saile, Stuttgart

Das Werk einschließlich aller seiner Teile ist urheberrechtlich
geschützt. Jede Verwertung außerhalb der engen Grenzen
des Urheberrechtsgesetzes ist ohne Zustimmung des
Verlages unzulässig und strafbar. Das gilt insbesondere für
Vervielfältigungen, Übersetzungen, Mikroverfilmungen und
die Einspeicherung und Verarbeitung in elektronischen Systemen.
© 1996 Vandenhoeck & Ruprecht, Göttingen
Printed in Germany
Schrift: Palatino
Satz: Text & Form, Pohle
Druck und Bindung: Hubert & Co., Göttingen

Gedruckt auf chlor- und säurefreiem Papier

Inhalt

Vorwort 7

I. Altersbunte Gesellschaft 9

Das lange Leben ändert die Sozialformen 10
Vermehrung der Generationen-Verhältnisse 12
Neukonstituierung des Lebenslaufs 17
Flexible Daseinsbewältigung im späten Leben 20
Rücknahmen und Aktivierungen im Alter 23
Die Arbeits- und Aktivitätsverteilung
bestimmt die Lebensalter 27
Standardisierung und Individualisierung
als Bedingungen des Alternsprozesses 30
Neue Vorstellungen vom Alter und von
der Alterspolitik 35

II. Kommt die Aufwertung des höheren Alters? 41

Schutz der Alten – eine biologisch fundierte
Verhaltensweise? 41
Die Entstehung des Senioritätsprinzips 43
Das frühe Zurücktreten der Altenmacht in der
Menschheitsgeschichte 47
Lebenszyklus, Altersgruppen und Kohorten 49
Gegenwartswerte und die Zukunft des Alters 53
Tendenzen der Abwertung und der Aufwertung
des Alters 56

Versöhnung und Schutz – neue integrative
Tugenden 60
Einwilligung in die Endlichkeit und Chancen
für eine neue Altenrolle 62

III. Konflikte der Generationen 67

Drei Bedeutungen von »Generation« 67
Arbeitswelt und Altersschichtung 69
Konflikt und Beistand in der Familie 73
Pflege im Generationenkontext 77
Divergente Kulturprofile von Generationen 80
Innovation im kulturellen Wandel 83

IV. Eros und Liebe im Alter 87

Eros in Mythos und Philosophie 87
Liebe und Personbegriff 90
Forschungen zur Sexualität im Alter 92
Sozialer Wandel – sexueller Wandel 98
Beeinträchtigungen von Eros und Sexus im
späten Leben 103
Erotik und Sexualität als Reifungsprozesse 108
Alterssexualität im Kulturvergleich 110

Nachwort 117

Literaturverzeichnis 121

Vorwort

»Löse deine Alternsprobleme nach eigener Erfahrung und nicht nach dem Urteil derer, die darüber schreiben«, riet der Dichter Francesco Petrarca in einem Brief vom 26. Juli 1366 seinem Freund Giovanni Boccaccio, dem Verfasser des »Decamerone«, als dieser in seinem sechsten Lebensjahrzehnt über sein Altern nachzudenken begann. Petrarca hatte recht, wenn er den einzelnen für sein eigenes Altern verantwortlich machen wollte. Trotz seiner humanistischen Weltoffenheit konnte Petrarca nicht voraussehen, daß sich 600 Jahre später so viel – und darunter auch anwendungsfähiges Wissen – über Altern und Lebensentwicklung herausbilden würde.

Ich sehe das Alter nicht als eine isolierte Phase, sondern stelle es in den Gesamtkontext des Lebenslaufs und der Generationenbeziehungen. Alle Förderung und Gestaltung des späten Lebens muß heute von einer solchen verbindenden Sicht ausgehen. Das neugewonnene Stück Leben, das wir diesem Jahrhundert trotz seiner Schrecken abgerungen haben, ist bei all seinen Beschwernissen kein abgespaltener Teil mehr.

Entgegen vieler Klischees wissen wir heute auch, daß in Europa erst im 18. Jahrhundert das Alter als eigener Lebenstypus durch praktizierte Frömmigkeit, Vernunft und »tugendhaften Wandel« zur gesellschaftlichen Anerkennung gebracht wurde. Auf die etwas illusionäre Verklärung der wenigen und sozial begünstigten würdigen Greise des 19. Jahrhunderts trat im zwanzigsten fordernd der auf die 20- bis 25-Prozent-Marke anwachsende Bevölkerungsteil der Pensionisten. Die Freizeitgesellschaft der letzten Jahrzehnte brachte auf dieser Basis den »verdient« konsumierenden Senior hervor.

Die Zukunft wird einen mehr um die eigene Sinnfindung und Daseinsgestaltung bemühten Menschen verlangen. Es wird nicht ein Alter, sondern es wird viele Alter geben. Arbeit und Verpflichtungen werden sicher nicht mehr so generell und so früh aus dem Leben zurücktreten (können) wie jetzt. Dafür wird der gesamte Lebenslauf mehr selbstbestimmte Lern- und Freizonen enthalten, um befriedigende späte Phasen überhaupt zu ermöglichen. Achtsamkeit und Selbstsorge, nicht nur ökonomische Maximierung, werden sich im Lebenslauf wohl mehr geltend machen müssen.

Den Senior des späten 20. Jahrhunderts wird der »Spät-Lebens-Mensch« des beginnenden 21. Jahrhunderts mit einem ganzen Bündel Aufgaben und Chancen der gesellschaftlichen Mitwirkung ablösen. Mit der Steigerung »später Freiheit« sinkt die gesellschaftliche Verpflichtung zu Angeboten für Bildung, Hilfe, Gesundheit und Pflege nicht. Zur Anregung, Sensibilisierung und Ermutigung sind öffentliche Gelder unersetzbar. Aber dazu werden massiv soziales Eigenkapital, nämlich Engagement und Freiwilligenarbeit der Betroffenen, und soziale Netzwerke treten müssen, die selbstorganisiert sind. Sonst bleibt auch jede Alterskultur Illusion. Denn Kultur kann nur bilden, wer etwas hervorbringt. Und Ansehen gewinnt nur, wer etwas beiträgt. Das gilt auch für die alten Generationen.

Leopold Rosenmayr

I. Altersbunte Gesellschaft

> Das späte Leben ist in unserer westlichen Gesellschaft heute eine Phase auf der Suche nach Sinn und Ziel.
>
> Thomas R. Cole

Ich will hier den Versuch unternehmen, gesellschaftliche Entwicklungen und neue soziale Strukturen zu identifizieren, die viele gesellschaftliche Gruppen beeinflussen und damit auch Lebensformen und Daseinsbewältigung im Alter verändern. Neben der Herausbildung einer »bunten Gesellschaft« sehe ich vor allem Veränderungen im Generationenverhältnis, im Aufbau der Lebensphasen und in einer zunehmenden Tendenz zur Individualisierung. Viel wird davon abhängen, wie weit es gelingt, aus dieser Individualisierung heraus Modelle des Homo Curator, des in wechselseitiger Sorge umeinander bemühten Menschen, zu entwickeln. Dazu aber ist auch analytisches Wissen von den Bedingungen nötig.

Das lange Leben ändert die Sozialformen

Ich spreche in einem bildlichen Sinn von »bunter« statt von »ergrauter« Gesellschaft, denn durch die »grauen Haare« des Altenanteils in der Bevölkerung wird diese ja nicht insgesamt grau, sondern sie wird mehrfarbig. Die »bunte Gesellschaft« bekommt das in sich gestufte Farbenspektrum »grau« zu den anderen Farben hinzu. Denken wir an ein Blumenbouquet, dann sehen wir, daß die Farbe einer roten Blume neben einer blauen ganz anders zur Wirkung kommt als auf grünem Hintergrund. Farben beeinflussen einander also wechselseitig. Buntheit meint *qualitative* Vielheit. Der häufig gebrauchte Begriff »Alterspluralismus« bezeichnet dagegen nur eine Vielzahl prinzipiell gleichartiger Elemente. Buntheit bezeichnet *Wechselwirkung* auf Grund von Verschiedenheit.

In der Regel ist es schwer, in der Buntheit eines Blumenstraußes, eines Gemäldes oder eines Stoffmusters ein Zentrum, ein Mittelelement, zu finden. Eine soziologische und sozialpolitische Betrachtung muß diesen Hinweis ernst nehmen, denn es wird auch in unserer gesellschaftlichen und politischen Diskussion immer schwerer, eine Mitte zu bestimmen.

Wie eine einzige Margerite in einem Strauß von Glockenblumen kann eine ganz kleine »Minderheit« in einer Gruppe plötzlich eine Veränderung des Gesamteindrucks erzielen. Wenn unter 25 oder 30 jungen Studenten eine einzige 75- oder 80jährige Dame einen Universitätskurs besucht, entstehen ganz andere Seminarverläufe. Die Teilnehmer sprechen anders, bestimmte Bezüge unterbleiben, andere entstehen erst durch eine solche Gegenwart.

Allerdings wird auch hier an einem bestimmten

Punkt Quantität in Qualität umschlagen. Unter welchen Bedingungen werden beispielsweise im Straßenverkehr die Schaltzeiten der Ampeln so umgestellt, daß die Hochbetagten beim Überqueren der Straße ausreichend Zeit haben, den gegenüberliegenden Gehsteig zu erreichen? In einer »bunten Gesellschaft« regen die hinzugewachsenen Anteile älterer und alter Menschen Änderungen in Einstellungen, Verhaltensweise und Normen der Gesamtgesellschaft an. In den USA beispielsweise haben die zunehmend häufiger werdenden Todesanzeigen für über 90jährige Menschen eine neue Publizität des langen Lebens geschaffen und damit zu einer Alters- und Alterungsbewußtheit beigetragen. Betty Friedan beschreibt in ihrem Erfolgsbuch »Mythos Alter« (1995) eine Bewegung der Ent-Ghettoisierung alter Menschen, einen Verhaltenswandel.

Zur Bewältigung der Probleme in der »bunten Gesellschaft« wird es sicher besonderer Anstrengungen bedürfen. Ältere und alte Menschen sind in der Verkörperung politischer Macht unterrepräsentiert. Sie haben im Schnitt einen relativ geringen sozialen Status und wissen dies auch. Aggressionen gegen Alte sind gerade auch im Alltag keine Seltenheit. Die im Entstehen begriffene bunte Gesellschaft ist also eine prekäre, eine gefährdete Gesellschaft, die ihre Integration suchen muß.

Eine besondere Färbung erhält die »bunte Gesellschaft« dadurch, daß sich die Vielfalt gleichzeitig lebender Generationen erhöht. Lebensaltersbedingungen sind grundsätzlich manipulierbar, altersspezifische Leistungen sind durch Training beeinflußbar. Ein 60jähriger oder eine 60jährige können bergsteigerische Leistungen von 35jährigen erreichen, wenn sie gut trainiert sind, ja sie können die Jüngeren übertreffen, wenn diese eine besonders schlechte Kondition haben. Es gibt Hobbyfußballerteams, in denen Personen mit einem Altersabstand von bis zu 40 Jahren mit- oder gegeneinander spielen. Man darf nicht übersehen, daß hier auch Unfälle auftreten, die daraus entstehen, daß die Alten versuchen, sich gegenüber den Jungen um jeden Preis durchzusetzen. Die »bunte Gesellschaft« ist also nicht notwendigerweise von vorneherein geglückt oder harmonisch.

Vermehrung der Generationen-Verhältnisse

Erstens bezeichnet der Begriff »Generation« den Aufeinanderprall *unterschiedlicher Kultur- und Sozialformen* mehrerer neben- und miteinander lebender Altersgruppen und Kohorten. (Kohorte heißt die Großgruppe, die als Einheit einer definierten Reihe von Jahrgängen zur selben Zeit altert und gleiche geschichtliche Erfahrungen macht.) Angemessene Bezeichnungen wären *Konsekutivgeneration* oder – im Fall von Konflikt und Verhandlung – *Kontrahentengeneration*.

Generation heißt zweitens Familienbezug, Bindung, Austausch, Kooperation und Konflikt von Alt und Jung im Verwandtschaftsrahmen. Man spricht hier von *Abstammungsgeneration*.

Drittens bezeichnet man mit dem Begriff der Generation oft auch den *interessenbedingten Verteilungskampf* um die Mittel des (Wohlfahrts-)Staates für altersgruppenspezifische Ziele, beispielsweise Säuglingsfürsorge, Kindergärten, Schulen, Unterstützung von Familien mit vielen Kindern gegenüber der Unterstützung der Alten in Form von Renten und Pensionen, Altersheimen, medizinischen Kosten für Bejahrte und ähnlichem. Begriffe wie »globale Interessengeneration« oder »*Verteilungsgeneration*« wären hier geeignet.

Die Formen der Auseinandersetzung und die Möglichkeiten der Einigung sind in jedem Typus von Generation verschieden. Konflikte der *Abstammungsgenerationen* belasten, schwächen und verändern, sprengen zumeist aber die Familie nicht. Auch in reduzierter Form, beispielsweise als Ein-Eltern-Familie, ist sie nach wie vor die entscheidende soziale Klammer für die Alltagshilfe und die Pflege der Alten. Sie wird – auch wo sie formal komplett ist – meist durch den Einsatz und die Kooperation einzelner Personen zusammengehalten; dazu gehören manchmal auch die Großeltern, die materiell in beträchtlichem Umfang zur Familie beitragen. Weiters läßt sich zeigen, daß die schwersten Pflegefälle und diejenigen mit der längsten Dauer in der Familie gepflegt werden – wenn auch häufig unter Konflikten und nicht immer gewaltlos.

Die Pflege lastet heute nach wie vor ganz überwiegend auf den Frauen. Zu vermuten ist, daß in Zukunft die Frauen im mittleren und oft auch im Rentenalter nicht mehr in der gleichen Weise wie heute als Pflegekräfte, als »Pflegeopfer« zur Verfügung stehen werden. Die neuen Frauengenerationen identifizieren sich stärker mit dem Beruf, werden vermutlich in absehbarer Zeit im Lebenslauf länger arbeiten müssen und damit für langdauernde und intensive Pflege weniger als heute zur Verfügung stehen.

In Europa wohnen die Generationen in der Familie immer seltener zusammen, allerdings gibt es starke regionale Unterschiede. In Süditalien, in manchen Regionen von Spanien, Portugal, Griechenland und der Türkei finden wir häufiger noch »Generationen unter einem Dach« oder in unmittelbarer Wohnnähe als in Skandinavien, Mittel- und Westeuropa. Durch die Zunahme der über 60jährigen wächst überall die soziale *Generationenvielfalt*. Noch nie in der Geschichte der Menschheit lebten so viele Generationen mit nur so wenigen Kindern lebenslaufmäßig überlappend zur selben Zeit. Im Gegensatz zu den Zwei- bis Drei-Generationen-Familien ihrer Vorgänger sind die heutigen Älteren viel häufiger Teil von Vier-Generationen-Familien. Etwa 50 Prozent der über 65jährigen sind Mitglieder solcher Vier-Generationen-Familien. Alternde Eltern und (zunehmend) Großeltern sind so für mehr als ein halbes Jahrhundert Teil des Lebens ihrer erwachsenen Kinder. Die Bindungen der Großeltern an ihre Enkel dauern im Durchschnitt länger als 20 Jahre. Manche Großeltern haben selbst noch Großeltern. Die Anzahl der gleichzeitig lebenden, einander »überlagernden« Generationen steigt, während die Zahl der Mitglieder der Familie pro Generation auf Grund kleinerer Geschwisterzahlen sinkt. Amerikanische Soziologen haben dafür das vielleicht etwas bizarre Bild der »Bohnenstangen-Familie« gefunden.

Zu den Großeltern gesellen sich als sozial neue Kategorie die *Urgroßeltern*. Das Phänomen ist so neu, daß affektive verwandtschaftliche Kosenamen weitgehend noch fehlen. Begriffe wie »Urli« für Urgroßmutter haben sich noch nicht allgemein durchgesetzt, »Upi« noch weniger.

Wie steht es nun mit der *kulturellen* Buntheit der Gesellschaft? Konflikte, Zusammenstöße sind vermeidbar, wenn die zentralen Bedürfnisse der Gruppen wahrgenommen und politisch sorgfältig ausgehandelt werden und wenn es zusätzlich zu einer wechselseitigen Kulturvermittlung zwischen den Generationen kommt. Allerdings ist eine gewisse Verbreitung von Trivialität in den Beziehungen zwischen den Generationen nicht zu leugnen, wie uns Gesprächsanalysen von Familienzusammenkünften und oft hilflose Begegnungsveranstaltungen von »Kontrahentengenerationen« außerhalb der Familie zeigen. Die tiefere persönliche Kommunikation verlangt eine Auseinandersetzung mit Ambivalenzen und Aggressionen. Das bedeutet Mühe, Berücksichtigung der anderen Person, Arbeit an sich selbst und die Selbstexposition im Dialog. Die Familie könnte zu einer kommunikationsoffenen, bunten Gesellschaft beitragen, wenn sie innere Sprachfähigkeit, »Entängstigung« und Befähigung zur Mitteilung zurückzugewinnen und zu fördern imstande wäre. Auch hier sehen wir, daß die bunte Gesellschaft sich nicht von selbst herstellt. Der Effekt der Buntheit und der Interferenz der »Farben« ist Konstitutionsergebnis, Resultat von sozialer »Bauarbeit«. Neue »Materialien« müssen entdeckt, neue Stile gefunden werden.

So wird es auch möglich sein, Verteilungskämpfe zu regulieren. In Österreich beispielsweise wird von Jungen und Alten (Generation hier als altersbezogene *gesellschaftliche Interessengruppe* verstanden) mehrheitlich betont, daß zur künftigen Pensionsfinanzierung die Beitragszahlungen der jüngeren Generationen angehoben werden müssen. In einer solchen Haltung verbindet sich das altruistische Element der Rückzahlungsmoral an die Alten mit dem egoistischen Wunsch, später selbst in den Genuß einer ausreichenden Pension zu kommen. Die Alten sollen ihre Pension erhalten, ob die Jüngeren sie einmal in ausreichendem Maße erhalten werden, erscheint diesen selbst mehr als ungewiß. Kompensation ist da keine umfassend erwartete Selbstverständlichkeit mehr. Auch in diesem Sinn ist unsere Gesellschaft »offen« geworden. Die Verpflichtung zur Kompensation trägt sozialethisch nicht mehr in allgemein verläßlicher Form. Es bleibt offen, ob und in welchem Ausmaß und wie lange diese Kompensation geleistet wird. Die offene Gesellschaft suggeriert, ja verlangt Selbstwahl; gegenläufig zu den großen Systemen der technologischen und ökonomischen Zwänge sucht sie in den kleinen Strukturen Freiheiten und Selbstbestimmung, trägt andererseits die Gefahr der Beliebigkeit in sich. Liegt in der Selbstwahl und ihren »pluralistischen« Ausformungen das »neue Alter«? Kommen die neuen Alten, oder sind sie schon da? Werden die kommenden Konsekutivgenerationen sich anders verhalten? Endgültig beantworten läßt sich diese Frage nicht, aber es gibt neue Lebensstilsyndrome, die empirisch nachweisbar sind. Die »neuen Alten« in Deutschland wurden so beschrieben:

»Es sind die jungen, aktiven, geistig mobilen, kontaktreichen, kommunikativen, gesunden, körperlich fitten und sportlichen, mitunter auch politisch aufmüpfigen Alten, derer sich auch die Medien gern annehmen. Das »neue Alter« ist demnach durch Kreativität und Aktivität, ausgeweitetes Verhaltenspotential, Unabhängigkeit und Eigenständigkeit, Freisein von Bedarf an fremder Hilfe, soziale Eingebundenheit, Interessenvielfalt, Freizeit- und Konsumorientierung, zudem durch vergleichsweise gute Einkommens- und Vermögensverhältnisse gekennzeichnet« (Dieck u. Naegele 1993, S. 43).

Ähnliche Lebensstile sind auch in anderen europäischen Ländern nachweisbar. Dabei ist zu unterscheiden zwischen im Alter fortgeführtem, gewohntem Verhalten und lebenslaufmäßig neuer Altersaktivität. Wenn beispielsweise Männer über 70 heute Blue Jeans tragen, so ist das meist keine »Innovation im späten Leben«, sondern die Fortführung eines früher aufgenommenen Verhaltens, das in der damals jüngeren Altersgruppe verbreitet war. Bei all dem dürfen aber die sozialen Ungleichheiten innerhalb der einzelnen Altersgruppen nicht übersehen werden, die weiterhin bestehen oder sich im Alter sogar verschärfen.

Neukonstituierung des Lebenslaufs

Ein »normaler« Lebenslauf in unserer gegenwärtigen Leistungsgesellschaft, so ein verbreitetes Bild, verlange in der ersten Phase des Lebens Konzentration auf das Lernen und in der zweiten Phase im Beruf volle Leistung, während die dritte, das Alter, die Erfüllung bringe. Gegenwärtig hat dieses Modell noch einiges für sich, wenn es sich auch stark an Mittel- und Oberschichten orientiert. Für die Zukunft kann es nur bedingt gültig sein. Durch die gesellschaftlich-ökonomische Verringerung der Industriearbeit wird in jedem der drei genannten Lebensabschnitte eher eine *Mischung von Lernen, Beruf und Freizeit* angeboten und gelebt werden müssen. Wenn man sich in der hauptsächlich der Berufstätigkeit dienenden Phase durch Leistungsdruck und Wettbewerb völlig verausgabt, wird man in einer künftigen Gesellschaft die dritte, »erfüllende« Phase nicht erleben und ausgestalten können.

Der »Lebensabend« als kurze Phase »bezahlter Unbrauchbarkeit« wurde durch die Erfindung der Rente für Industriearbeiter vor 125 Jahren zuerst von Bismarck in Deutschland, bald darauf in Österreich-Ungarn durch eine damals bemerkenswerte Gesetzgebung eingeführt. Nach dem Ersten Weltkrieg nahm die Phase der Rente oder Pension immer mehr den Charakter einer Kompensation im Sinne des »wohlverdienten Ruhestandes« an. Erst durch die Entwicklungen der allerletzten Jahrzehnte wurde die Zeit der Pension zur *Phase der Lebenserfüllung* hochstilisiert. Dabei wurden allerdings für die breiten Schichten weder Institutionen noch strukturierte Inhalte angeboten, die einer solchen »Erfüllung« wirksam dienlich sein können.

Maschinen und Roboter vervielfachen das Arbeitspotential des Menschen. Das generelle und gleichgültig klingende Schlagwort, der Arbeitsgesellschaft gehe die durch Menschen verrichtete Arbeit aus, trifft für die industrielle Produktion, besonders für bestimmte Sparten dieser Produktion zu. Immer weniger Menschen werden in der Tat für die *industrielle* Produktion gebraucht. In einer ganzen Reihe von Dienstleistungen hingegen, beispielsweise im Gastgewerbe, im Fremdenverkehr, in der Krankenpflege und vielen anderen, nimmt der Bedarf an menschlicher Arbeit nicht ab, sondern wächst. Allgemein läßt sich die Zukunft der Arbeitswelt durch folgende Entwicklungen kennzeichnen:

– Die Teilzeitbeschäftigung nimmt zu und wird weiter steigen.

– Rascher Technologiewechsel erfordert ständiges Umlernen. Das bedeutet auch die Notwendigkeit, Chancen und Zeiten für dieses Umlernen in der Lebensarbeitszeit einzubauen sowie entsprechende gesellschaftliche und psychologische Anreize zu schaffen.

– Job- und Arbeitsplatzwechsel werden mehr und mehr zu einem Kennzeichen der Arbeitswelt. Wir gehen einem Ende der massenhaft standardisierten Lebens-Arbeits-Karrieren entgegen. Während sich maschinelle Prozesse und bestimmte Arbeitsvollzüge zunehmend standardisieren, ist biographisch die Destandardisierung unterwegs.

– Das Arbeitsangebot gilt auf Abruf. Benachteiligt sind jene, die schlecht umlernen können. Ein »Proletariat der Starrheit« entsteht.

Die bisherige Abfolge im Leben: Lernen–Arbeiten–Bilden/Genießen entspricht nicht mehr den entfalteten Produktionsbedürfnissen, so daß die gesellschaftliche und kulturelle Entwicklung nunmehr auf eine Umstrukturierung des Lebenslaufs drängt, von der auch die letzte Phase des Lebens entscheidend betroffen sein wird. Man darf sich während der mittleren Lebensphase nicht darauf verlassen, den Bildungswunsch »irgendwann einmal« später im Leben zu realisieren. Jede einzelne Lebensphase einer kommenden Gesellschaft sollte – nach Sozialaufgaben und Individualität gewichtet – aus Lernen, Arbeit und Erfüllung bestehen. Alle drei Lebensbereiche sollen für alle Altersgruppen offen sein. Das bedeutet auch Veränderungen im Stellenwert der Arbeit im Leben des Menschen. Der Lebenslauf der Zukunft wird von dieser Veränderung bestimmt werden (Riley u. Riley 1992).

Flexible Daseinsbewältigung
im späten Leben

Diskrepanzen wie auch Defizite in der Persönlichkeit müssen zunehmend als integrale Bestandteile der Entwicklung des Selbst gesehen werden. Sie ergeben sich aus der De-Standardisierung des Lebenslaufs, treiben diese aber auch zusätzlich voran. Innerhalb bestimmter Grenzen sind Diskrepanzen nicht einfach als Fehlentwicklung oder sogar als pathogene Phänomene zu begreifen, vielmehr fordern sie – falls Aktivität oder Aktivierbarkeit gegeben sind – Entwicklung geradezu heraus. Sie sind der Motor für Veränderung auf individueller Ebene. Wird ein individuelles Lebens-Projekt entworfen und bestehen zwischen Realität und Ideal Spannungen, so kommt es zu orientierter Aktivität.

Im späten Leben werden neue Potentiale der Entwicklung und Chancen der Kreativität sichtbar. Kreative Änderung ist, wo immer möglich, der bloßen Kompensation vorzuziehen, welche ja letztlich nur Ersatz und Aufstockung ist, aber keine Änderung im System bietet.

Paul Baltes (1996, S. 62) illustriert am Beispiel des alternden Pianisten Arthur Rubinstein seine Konzepte der Selektion (weniger Stücke), Optimierung (mehr Übung) und Kompensation (Kontrast statt Geschwindigkeit). Langsame Passagen werden ganz langsam gespielt, damit die schnellen weiterhin schnell wirken, auch wenn sie langsamer vorgetragen werden als früher. Ich will meine Kritik hier nur andeuten: Läßt sich dieses Künstlerbeispiel überhaupt verallgemeinern? Künstler wie Sandor Végh begannen im Alter zu dirigieren, statt weiter bei dem ursprünglich virtuos gespielten Instrument, der Geige, zu bleiben. Kann zum Beispiel ein Wissenschaftler spät im Leben nicht auch Rollen tauschen oder deren Schwergewicht anders verteilen? Wäre ein Wechsel von der Forschung zur Politikberatung oder, mit ganz geändertem Bereich, zur Wissenschaftstheorie und Philosophie empfehlenswert? »Im Älterwerden muß man das Rollenfach wechseln«, schrieb Goethe. Kompensation paßt eher zu einem korrektiven Seniorenbild, im Wechsel der »Rollenfächer« liegt eine konstruktive Dynamik. Je mehr sie dem Selbstwerdungs- und Selbstbildungsprozeß entspricht und ihn fördert, desto eher gelingt aus dieser Dynamik heraus die Veränderung.

Kreativität und Innovation werden notwendig sein, um der gesellschaftlichen Evolution, deren Zeugen und Mitwirkende wir sind, Rechnung zu tragen. Wir werden Entwürfe für die späten Lebensphasen des Menschen in Anbetracht dieser Evolution und ihrer konkreten Ausformungen konzipieren müssen.

Das Selbst konstituiert sich in schöpferischen Akten und jeweils erneuerten Leistungen, indem die Zukunft auf dem Hintergrund der bisherigen Erfahrungen und der angestrebten Ziele gestaltet oder zumindest beeinflußt wird. Der ältere Mensch, der eine weitere Entwicklung bejaht, muß im fortgeschrittenen Alter neue Perspektiven für seine Zukunft erwerben. Er muß sich, wie Jean-Paul Sartre vorschlug, in die Unsicherheit hinein entwerfen, als »Projekt« leben. Lebensziele, konkretisierbare Lebenspläne und Daseinstechniken samt Chancen zu deren Realisierung müssen ihm aus ihm selbst (oder unter Beteiligung seiner selbst) vor Augen kommen, wenn Gestaltungsfähigkeit und Kompetenz aufrechterhalten werden sollen. Gerade diese Pläne und Realisierungstechniken »erhalten den Menschen am Leben«.

Thomas Rentsch spricht in seiner »Philosophischen Anthropologie und Ethik der späten Lebenszeit« (in: Baltes u. Mittelstrass (Hg.), Zukunft des Alterns und gesellschaftliche Entwicklung, 1992) von den Aufgaben des »Werdens zu sich selbst«. Man wird diesen Prozeß vor dem Hintergrund des Todes stärker betonen müssen. Das Selbst ist potentiell immer ein neues, bis zum Tod. Aber ist man selbst überhaupt der Mühe wert?, fragte Paul Valéry. Dagegen wäre zu halten: Die enorme Geschwindigkeit sich rasch erneuernder Technologien und sozialer Verhaltensweisen hat die Notwendigkeit ergeben, Daseinsbewältigung mit erhöhter Flexibilität zu verbinden, was die Fähigkeit zu einem Neubeginn einschließt. Zum Neubeginn ist aber eine Stützung durch Selbst-Impulse nötig und eine gewisse Überzeugung, daß man selbst der Mühe wert sei. Nach Sören Kierkegaard ist das Selbst eine Beziehung zu sich selbst, in der es sich zu einem anderen verhält. Der oder das »andere« weist immer über das Ich, weist über einen in sich (narzißtisch) verstrickten Prozeß hinaus, auf ein sich stets erneuerndes Selbst hin. Diese Erneuerung mag sich durch Akte des religiösen Glaubens, durch ethische Zielsetzung oder eine Verbindung von beidem, ausgelöst etwa durch Brüche im Lebenslauf oder tägliche Herausforderungen, ergeben. Im Alter können sich zusätzlich, zum Teil auch bedingt durch das bewußtere Erleben der Diskrepanzen des Selbst, sehr hochwertige neue Fähigkeiten herausbilden.

Für die Konstituierung des Selbst ist Handeln nötig. Sollen Antworten durch Handeln subjektiv als befriedigend erlebt werden, bedürfen sie einer gewissen Innovation, also auch der Revision bisheriger Zielsetzungen und Präferenzordnungen. Die »späte Freiheit« bedarf der konzentrierten »Kräfte des Alters«, um die verfügbaren oder selbsterfundenen Chancen in Handlungen, in gelebtes Leben umzusetzen. Diese Kräfte beruhen auf der Leitkraft des Unbewußten, die eine notwendige Bedingung für das Aufsuchen und Realisieren von Freiheiten ist.

Wie noch nie zuvor in der Humangeschichte wird die soziale Konstruktion des Alters heute deutlich. Naturwissenschaft und Technologie ermöglichen neue Entwürfe und Ausgestaltungen von Lebensabschnitten. Altern wird weiterhin durch die Mischung genetischer, kultureller und Milieu-Einflüsse individuelles Schicksal bleiben. Aber der umfassende gesellschaftliche Zusammenhang, die Strukturdetermination der technologischen und wirtschaftlich-politischen Faktoren tritt stärker denn je hervor. Die menschliche Natur wird unter dem Einfluß von Wissenschaft und Technik »kontingent«. Die Gesellschaft bringt Typen des Alterns und der Altersgruppen, der Phasen im Lebenslauf hervor.

Rücknahmen und Aktivierungen im Alter

Besonders die US-amerikanische Alterssoziologie war in der Mitte unseres Jahrhunderts von der Frage nach dem »adjustment«, der Anpassung des alternden Individuums an die Gesellschaft, bestimmt. Damit eng verknüpft war das Problem der sozialen Integration der Alten. Die Aufmerksamkeit der Soziologen richtete sich darauf, wie das Individuum bei

Verlust gesellschaftlich tragender Rollen Ersatzrollen und entsprechende Aktivitäten finden könne. Daraus entstand auch eine Erweiterung des Begriffs der Sozialisation über die Kindheit hinaus, über den Lebenszyklus bis ins Alter.

Von der Rolle und dem Status der Alten in der Gesellschaft nahm auch die soziologische Alterns- und Altersforschung, die Gerosoziologie, ihren Ausgang. Im Theoriegebäude des Funktionalismus ist die Rolle der Angelpunkt zwischen Individuum und Gesellschaft, sie definiert die Verpflichtungen und Erwartungen. Im Sozialisationsprozeß lernen die Individuen, was sie tun müssen, um in der Gesellschaft einen bestimmten Spielraum zu gewinnen.

Allerdings gibt es – folgt man etwa Irving Rosow – wenig Motivation für die Individuen, für spätere Lebensphasen-Rollen, also für das Alter, sozialisiert zu werden, weil diese späten Lebensphasen nicht attraktiv seien. Sieht man nämlich die Rollen als Bündel von Verpflichtungen, für die der Person die Verantwortung übertragen wurde, so verleihen Rollen auch Status. Mit abnehmender Verantwortung im Alter schwindet folglich auch der Status. Die »Auszahlungen« und Anerkennungen für Altersrollen seien nur gering, daher gebe es keine »Vorbereitung« auf einen solchen Zustand. Nach Rosow ist das Alter die erste Lebensphase, in welcher der Statusverlust für die ganze Kohorte eintritt und die daher ganze Kohorten im Alter der sozialen Identität beraube oder sie auf die Vergangenheit fixiere (Rosow 1976).

Dieser Ansatz, würde man ihn heute so fortschreiben, berücksichtigt zu wenig die inzwischen wirksam gewordenen Gruppierungen und sozialen Bewegungen auch in Teilen Deutschlands, besonders durch Bürgerschaftsgruppierungen (Konrad Hummel 1995, Hans Peter Tews 1995), die durch Aktivierung einen gewissen Gegenwartsbezug und auch wechselseitige Hilfen für die Alten ergeben. Diese Bewegungen lassen sich in zumindest partieller Aktivierung und Sinnfindung bei manchen Gruppen von Alten nachweisen, in den Vereinigten Staaten etwa durch den spektakulären Aufschwung der Erwachsenenbildung für Ältere an verschiedenen Typen von Colleges und Universitäten. Die Hinaufsetzung des Pensionsalters in den USA, der Ausbau mächtiger Selbstvertretungen in Altenverbänden, von Bildungsinitiativen, die sich erfolgreich an die ältere Bevölkerung richten, und eine Gesundheitspolitik, welche die Alten begünstigt, haben bei allem einsetzenden »Ageism« – dem organisierten Ressentiment gegen Alte – in den USA die Alten dennoch aus dem Käfig gerissen, in dem sie nach Autoren wie Rosow gefangen saßen.

In den 60er und frühen 70er Jahren ging die Diskussion darum, ob die Rollenverluste der Älteren durch eine spezielle und gezielte tätige Anpassung im späteren Leben überwindbar seien (*Aktivitätstheorie*) oder ob der Rollenverlust gar von den Älteren so gewollt sei, ob sie also von sich aus motiviert seien, die Rollenteilnahme zurückzunehmen (*Disengagement-Theorie*). Beide Ansätze gingen von dem Modell einer Gesellschaft mit Funktionen und Strukturen, aber ohne wesentliche Wandlungsprozesse aus, einem Modell, das heute, da zu starr, nicht mehr brauchbar erscheint.

Die Disengagement-Theorie ließ sich empirisch nicht halten. Waren Ältere nämlich sehr aktiv, so war auch ihre subjektive Lebenszufriedenheit groß. Der harmonisierende Ablösungs-Funktionalismus der

Disengagement-Theorie erwies sich zudem bald als ungeeignet, Generationenkonflikte und altersbedingte und dadurch kohorten- oder generationsspezifische Machtkämpfe des Vertreibens Älterer aus Beruf und Macht zu erklären. Warum sollten, wenn Disengagement genereller Wunsch der Alten war, solche Kämpfe überhaupt entstehen? Schon vorwissenschaftlich ist schließlich sichtbar, daß Menschen, die sich mit ihrem Beruf identifizieren, schwerer von diesem trennen als andere.

Die Aktivitätstheorie mußte ebenfalls relativiert werden. So war einzuräumen, daß nicht alle Aktivitäten, sondern vorwiegend selbstbejahte und lebensgeschichtlich begründete oder gesellschaftliche Anerkennung verschaffende Aktivitäten als erfüllend erlebt werden. Auch sind »Motivationsrahmen« wichtig, aus denen Lebensziele und Lebenspläne hervorgehen. Fehlen diese Bezüge und Sinngehalte, so entstehen seltener Glücksgefühle in der Aktivität. Sind Sinnbezüge vorhanden, kommt es zu innerer Zustimmung und damit zu Glückserlebnissen.

Für die Ersetzung sehr geliebter und Selbstbestätigung verleihender Tätigkeiten und zum Neuaufbau von Daseinsentwürfen und Projekten im späten Leben sind gewisse innere Distanzierungen und Ablösungen erforderlich. Mischungen von Nähe und Distanz sind für ein geglücktes Weltverhältnis, die Sozialbeziehungen und für die Selbstproblematik von Älteren nicht zu unterschätzen. Die Sozialforschung fand beispielsweise, daß innerfamiliäre Austausch- und Sympathiebeziehungen unter der Bedingung räumlicher Distanz, also etwa bei getrennter Haushaltsführung, besser gedeihen als ohne räumlich-soziale Abstände. Diese »Intimität auf Abstand« (Rosenmayr u. Köckeis 1965) ließ sich nicht nur für Europa, sondern auch für die USA und Japan nachweisen. Es ließ sich auch zeigen, daß für die Selbstfindung der Angehörigen verschiedener Generationen in der Familie *Distanz* als *Schutz vor unerträglicher Ambivalenz* dient. Die Alterspsychologin Ursula Lehr (1991) wies nach, daß Menschen mit reichlich außerfamiliären Kontakten weniger innerfamiliäre Frustrationen erleben. Ein integriertes Selbstgefühl beruht auf einer zumindest teilweise selbstbestimmten Mischung von eigener Aussonderung und affektiv bejahter Kommunikation und Einbindung. Es geht immer um eine Balance von Nähe und Distanz.

Die Arbeits- und Aktivitätsverteilung bestimmt die Lebensalter

Untersucht man den Lebenslauf hinsichtlich der Verteilung der Lebensarbeitszeit, so kann man Biographien der Arbeitsbelastung und der Pensionierungswünsche oder -widerstände studieren. Durch Einbeziehung der Arbeitsteilung und ihrer Strukturen lassen sich auch soziale Benachteiligungen differenziert erkennen. Dieser von mir vorgeschlagene Weg der Analyse, von der *Arbeitsteilung* (Spezifikation der Produktion) und der Verteilung der Lebensarbeitszeit auszugehen, macht auch Gebrauch von der historischen Vorstellung der Kohorte. Diese historisch-soziologische Analyse weist die gesellschaftlichen Altersrollen oder -phasen und die Veränderungen des Kohorten-»Schicksals« als abhängig von Produktions- und Ausbildungsstrukturen der Gesellschaft aus. Auch die Deutungsgewalt von kulturell überlieferten und produzierten Wert- und Symbolsystemen, Ideologien und politischen Bewegungen wird einbezogen. Mein Arbeitsteilungsansatz zeigt auf, daß Altersgruppen durch Informations-, Bildungs- und Produktionssysteme gesellschaftlich bestimmt werden.

Für das Lebensalter und dessen Phasen gibt es einschneidend wirksame biologische Vorgaben, doch müssen diese Vorgaben für die Lebensalter gesellschaftlich und individuell geformt sowie kulturell legitimiert werden. So erst wird Alter auch für die Teilnehmer am Gesellschaftsprozeß wirksam. Altersgruppen und Lebensphasen sind als Ergebnis von sozialer Strukturierung und Destrukturierung anzusehen. Einmal etabliert, tragen sie ihrerseits als Kohorten oder Generationen zur Strukturierung und Destrukturierung von Gesellschaft bei.

Die Modernisierungstheorie von Cowgill und Holmes (1972) behauptete, daß innerhalb des Modernisierungsprozesses mehrere komplexe Kausalketten zu einem niedrigen Status der Alten führen. Je modernisierter die Gesellschaft, desto geringer seien Prestige und Einfluß der Alten. Alphabetisierung beispielsweise führe zu rationalem Durchsetzungsvermögen der jüngeren Kohorten, die deswegen ihre analphabetischen Eltern gering schätzen. Die zweckbestimmte, nutzenorientierte Grundhaltung in einer Gesellschaft soll eine »Statusinversion« und folglich eine intellektuelle und moralische Segregation und Abwertung der Alten zur Folge haben. Studien über Generationenbeziehungen in den Entwicklungsländern zeigen jedoch, daß die Abwertung analphabetischer Alter durch Junge mit Schulbildung zwar in der Tat vorkommt, daß jedoch häufig auch wenig gebildete Alte über lange Zeit hinweg große Macht über ihre

Sippen und ihr Land behalten. Dies Konzept ist also zu linear und zu allgemein.

Von der Marktforschung wird zunehmend eine kaufkräftige Konsumentenposition älterer Mitbürger registriert. Die ökonomische Geberrolle der Alten im Generationenkontext der Familie wird deutlich. Allerdings führt das relativ hohe Konsumniveau, das sich bei der Mehrzahl der west- und mitteleuropäischen Alten nachweisen läßt, offensichtlich noch nicht automatisch zu einem hohen Status. Eine Statusverbesserung für Menschen im höheren Alter ist vermutlich nur über eine veränderte Symbolfunktion der Alten zu erreichen, beispielsweise über eine verbesserte »Geschichtsbereitschaft«.

»Wir sollten den Alten nicht den Mund zuhalten, wenn sie uns etwas erzählen wollen, und wir dürfen ihre Tagebücher nicht in den Sperrmüll geben, denn sie sind an uns gerichtet – die Erfahrungen ganzer Generationen zu vernichten, diese Verschwendung können wir uns nicht leisten. Wir müssen uns bücken und aufheben, was nicht vergessen werden darf. Es ist unsere Geschichte, die da verhandelt wird« (Kempowski 1993).

Man muß allerdings fragen, ob die Alten den Mund aufmachen *wollen* und, nachdem sie ihn Jahrzehnte verschlossen hielten, es nunmehr überhaupt noch *können*. In gewisser Weise wächst nämlich selbst für diejenigen, die an der Geschichte teilnahmen, die Unverständlichkeit des Gewesenen und sicher auch die Schwierigkeit der Mitteilung aus einem teilweise verschütteten Einst. Für Jüngere ist ein Einblick ohne eine starke Verdinglichung durch Historisierung (Buch, Bild, Film, Kunst früherer Zeiten) nicht möglich. Diejenigen jedoch, die Nationalsozialismus, den

Krieg, die Nachkriegszeit und den Wiederaufbau, die Kulturrevolten der 70er Jahre sowie die Neo-Nationalismen und den Fremdenhaß der 90er Jahre in Abfolge und Zusammenhängen erlebt haben und überblicken, sind nur selten und nur teilweise imstande, diese Phasen gedanklich exakt zu scheiden und emotional zu verarbeiten.

Standardisierung und Individualisierung als Bedingungen des Alternsprozesses

Keine Soziologie kann heute die Verzahnung von Standardisierung und Individualisierung ungestraft übersehen. Die Entwicklung der Technologie hat das Prinzip des Austausches deutlich auf Auswechselbarkeit und damit auf Standardisierung hin akzentuiert. Hier kommt es zweifellos zur Herausbildung von »Mustern« und Standards, die alte Menschen zwar potentiell durch Technologie entlasten, aber human entwerten. Standardisierend wirkt vor allem der technologisch-wirtschaftliche Machtkomplex. So schreibt Jürgen Habermas:

»Angesichts der Probleme des 21. Jahrhunderts kehrt der alte Zweifel wieder, ... ob sich eine Zivilisation als ganze in den Strudel der Antriebskräfte eines einzigen ihrer Subsysteme, auch wenn dieses zum Schrittmacher der Evolution geworden ist, hereinziehen lassen darf – in den Sog eines rekursiv geschlossenen Wirtschaftssystems, dessen Selbststabilisierung davon abhängt, daß es alle relevanten Informationen allein in der Sprache betriebswirtschaftlicher Rentabilität aufnimmt und verarbeitet.«

Die hochentwickelte, durch Informationstechnologie gesteuerte Produktion ist das entscheidende Moment der Superstandardisierung. Die Verbreitung von Information läuft in der Medien- und Computergesellschaft horizontal und schnell und ohne genaue Überprüfbarkeit und Filterung durch individuelle historische Lebenslaufprozesse und deren Erfahrung ab. Beides entwertet die individuelle Lebenserfahrung und damit das menschliche Alter. Andererseits steigt in manchen Lebensbereichen das Bedürfnis nach gesiebtem, verarbeitetem, in einem langen Leben aufgebauten Wissen und nach der Standhaftigkeit, die daraus resultieren kann. Es mag sein, daß nach der Erschöpfung durch Dauerinnovation der ruhigere Fluß des in lebenslanger Erfahrung geprüften Wissens, der Schutz von Natur, Umwelt, aber vielleicht auch von persönlicher Empfindung an Wert steigen wird. Damit wäre auch eine Anhebung des Altenstatus möglich, nämlich durch Beiträge zum veränderten kulturellen Code.

In technologisch am weitesten fortgeschrittenen Gesellschaften läßt sich ganz generell, über die Altersgruppen hinaus, eine Polarisierung feststellen. Einerseits kommt es zur Selbstaktualisierung von Individuen in milieuartigen, post-traditionalen Kontexten. Andererseits dringen globalisierende, de-individualisierende Einflüsse tief in das Selbst ein. Fremde Religionen, fremde Kulturen werden nahegerückt, durch das Fernsehen und durch Fernreisen. So kommt es zu einem Dauerprojekt der Reflexivität, des Sich-Vergleichens mit anderen Menschen, Gruppen, Kontexten und Kulturen. Das traditionelle Milieu, das sowohl durch innere Konstanz als auch durch Filterung von Außeneinflüssen Kontinuität garantierte, war – historisch gesehen – günstig für die Alten. Das Milieu konnte in traditionellen Gesellschaften mit den Alten identifiziert werden. Dauerreflexivität und Selbstreflexivität der fortgeschrittenen Moderne sprengen nicht nur die soziokulturellen Milieus, sondern reduzieren entscheidend auch die gesellschaftliche Gestaltungsmacht der traditionellen Altenrollen, sofern die Alten an dieser Reflexivität nicht selber mitwirken.

Wer diese Dauerreflexivität aufgrund psychischer oder bildungsbedingter Defizite nicht leisten kann, ist für Ressentiments, für Abschließung und Ausgrenzung besonders anfällig. Ältere Menschen, von denen sich heute noch sagen läßt, daß ihre schulische Bildung im Schnitt geringer ist als die der Jüngeren, können sich an der genannten Reflexion nicht voll beteiligen und geraten so ins Schlepptau ihrer eigenen reaktiven Abschließungstendenzen. Oder sie werden Opfer von Demagogen. Indem sie aus Angst und Bedrohtheitsgefühlen heraus Fremdes ablehnen, geraten sie selbst in Gefahr, »Fremde«, Ausgegrenzte zu werden.

Gewinne an Selbst-Identität oder die »Entdeckung« der das Selbst ermöglichenden Entwicklungen sind an mühevolle und auch affektiv belastende reflexive Leistungen gebunden. Bildung schafft nicht automatisch schon Reflexivität, aber sie begünstigt diese. Die »narrative Vergegenwärtigung des eigenen Selbst« ist ein Mittel zur Formung dieses Selbst. Zu solchen Ergebnissen kommen Philosophen wie Richard Rorty (1988) und Soziologen wie Anthony Giddens (1991). Aber solche Vergegenwärtigungen sind ohne schmerzvolle Selbsteinsicht, ohne Überwindung von Widerständen und ohne das Ertragen von Kritik nicht zu haben.

Menschen der zweiten Lebenshälfte können in

dieser Entwicklung nur bestehen, wenn sie intrinsische, auf ihre inneren Bedürfnisse bezogene und nicht unmittelbar an materiellen Aufstieg und Prestigemehrung geknüpfte Motivationen entwickeln. Intrinsische Motivation, sich von dem führen zu lassen, was man als richtig für sich selbst zu fühlen glaubt, vermag die Integrations-Kapazität der Alten gegenüber neuen Situationen und Strukturen zu erhöhen. Wandel kann nur verarbeiten, wer aus sich selbst heraus eines bestimmten inneren Wandels fähig ist.

Nur auf dem Hintergrund der Entwicklung der generellen gesellschaftlichen Individualisierung lassen sich die Auswirkungen auf die Alten erfassen. Individualisierung soll nach Beck und Beck-Gernsheim » ... die Auflösung und [...] die Ablösung industriegesellschaftlicher Lebensformen durch andere« Lebensformen bedeuten, in denen die einzelnen ihre Biographie selbst herstellen, »ohne die sichernden, stabilen sozial-moralischen Milieus, die es durch die gesamte Industriemoderne hindurch gab«. Die »Normalbiographie« werde zur »Wahlbiographie«. Das bringe zwar Chancen mit sich, aber auch Gefahren und Unsicherheiten. Im Wesen der »Risikogesellschaft« liege es, daß es zwar *generelle* Unsicherheiten neuer Art gibt, aber differentielle Strukturen als *soziale Ungleichheiten* bei wachsendem Unsicherheitsstreß erhalten bleiben. Individualisierung bedeute nicht »Autonomie«, sondern den Umgang mit Entscheidungszwängen, den »paradoxen Zwang zur Herstellung, Selbstgestaltung, Selbstinszenierung nicht nur der eigenen Biographie, auch ihrer Einbindungen in Netzwerke, und dies im Wechsel der Präferenzen der Entscheidungen und Lebensphasen« (Beck u. Beck-Gernsheim 1993, S. 194).

Anthony Giddens geht davon aus, daß es einen starken menschlichen Imperativ zur Kontrolle gebe, der sich in der »späten Moderne« als »reflexiv organisierte Lebensplanung« durchsetze, die Selbst-Identität strukturiere. Giddens sieht, daß sich eine individualisierte Konzeption der Lebensspanne entwickelt, die sich über externe Bindungen hinwegsetzt. Die Projekte des Individuums zählen. In der »bunten Gesellschaft« wird nur das »planende Selbst« erfolgreich. Die Einheit dieses Selbst liegt in der Gestaltung der von Robert Musil beschworenen »passiven Phantasie unausgefüllter Räume«.

Was läßt sich daraus sozialpolitisch ableiten? Gefordert erscheinen individualisierte Angebote und Optionen der Lebensgestaltung bei Flexibilisierung der Pensionsgrenzen und gesetzlicher Regelung von Übertrittsphasen. Darüber hinaus scheint die Förderung von Basis-Initiativen als Ergänzung staatlicher Sozialpolitik nötig. Soziale Hilfe rückt in Distanz zu voll institutionalisierten bürokratischen Maßnahmen.

Die Gerontologie lehrt uns, was begünstigtes höheres Alter zu erbringen vermag: vertiefte Urteilskapazität, die Widersprüche verbindet, ferner die Fähigkeit, Unsicherheiten sowohl in der Wahrnehmung als auch im eigenen Urteil wenn nicht zu überwinden so doch zu ertragen. Auch das Vermögen, Irrtümer einzusehen und frühere Urteile zurückzunehmen, wäre ein Zeichen eines geglückten höheren Alters. Dies würde auch dazu führen, eigene Lebenserfahrungen in wissenschaftliche oder philosophische Zusammenhänge einfließen zu lassen oder diese zur Deutung der Eigenerfahrung heranzuziehen.

Könnten nicht ältere Menschen mit den eben genannten – wie gering oder stark auch immer ausgeprägten – Qualitäten mehr politische und soziale Verantwortung beanspruchen und übernehmen? Mehr Wissen, mehr Reflexion, mehr Kritik, mehr Öffentlichkeit, mehr Alternativen – immer eine *Mehrzahl* von Lösungen zu sehen und auch bereit zu sein, eine Mehrzahl von Lösungen zu probieren, wäre eine bedeutende Altersleistung. Entspräche das nicht auch einer neuen Grundhaltung in der Politik? Die europäische Moderne, sagt Ulrich Beck, sei eine Kultur der Ausschließung, des »Ja oder Nein« gewesen. Die neueste, die »reflexive Moderne«, entdecke, daß die Eindeutigkeit einem Denken in stets präsenten Alternativen zu weichen habe. Hier, in der Toleranz von Vielfalt und der Überbrückung von Widersprüchen und Gegensätzen, könnte eine Annäherung von Altersleistungen und Politikerfordernissen erfolgen.

Neue Vorstellungen vom Alter und
von der Alterspolitik

Die verschiedenen Abschnitte des höheren Alters, in dem sich neben dem chancenreichen dritten Alter ein viertes (eingeschränktes) und ein fünftes (häufiger schon abhängiges) ausprägen, sind im Zusammenhang des *wandelbaren* Lebenslaufs zu sehen. Der Lebenslauf als Typus mit Untertypen und Abweichungen ist Produkt der jeweiligen Gesamtgesellschaft.

Mit der Vervielfältigung von individuellen Wahlmöglichkeiten oder Aspekten der Individualisierung geht die Standardisierung von Produkten, von deren Bedienung und Vermarktung und der Verlust von interpersonellen Kontakten Hand in Hand. Die Standardisierung folgt dabei eigenen, vor allem technologisch-ökonomischen Zwängen. Die Individualisierung hingegen muß gesteigerten eigenen Anstrengungen folgen, denn woran sonst könnte sie sich orientieren als an Zielen der Souveränität oder sogar der Autonomie?

Bei bestimmten Einschränkungen der »fluiden Intelligenz« im Alter wird die Manipulation von hochgezüchteten standardisierten Einrichtungen des Alltags, seien es nun programmierbare Waschmaschinen oder automatisierte Fahrkartenschalter, schwieriger. Auch die zur Individualisierung in der »fundamentalistisch«-kapitalistischen Gesellschaft notwendigen Durchsetzungsstrategien, die durch Selbstherrlichkeit und Rücksichtslosigkeit geprägt sind, nehmen auf die eher zu Bescheidenheit und Selbstkontrolle sozialisierten ältesten Kohorten keine Rücksicht. Wer also mit dem Wertsystem von gestern noch Bindung und Rücksicht oder vielleicht sogar die Fähigkeit zur Unterordnung internalisiert hat, dem schlägt der neue gesellschaftliche Duktus des »sozialen Faustrechts« ins Gesicht, und zwar gerade dann, wenn die Fähigkeit zum Widerstand, beispielsweise durch leichtere Ermüdbarkeit, im späten Leben schon eingeschränkt ist. Die Alten werden dadurch zu Verlierern im Prozeß der Modernisierung, besonders dann, wenn die Gesellschaft die Herausbildung einer Alterskultur nicht fördert oder aufgrund des marktgängigeren, weil dauer-innovationsorientierten Jugendlichkeitswahns gar nicht entstehen läßt. Dieser Jugendlichkeitswahn ist ein Produkt des Marktes, er hat mit einer Zuwendung zu *Jugendproblemen* nichts zu tun.

Das latente, nachweislich jedoch vorhandene Potential des Alters manifestiert sich dann, wenn es von den einzelnen Alten kultiviert und gesellschaftlich-kulturell begünstigt wird. Die Enstehung einer solchen Alterskultur setzt dreierlei voraus:

– eine *Aktivierung* mit ausgewählten selbstbejahten, subjektiven Zielsetzungen,

– kulturelle Angebote, die zu *souveränen Lebensformen* führen oder diese zumindest anregen,

– soziale Brücken der *Rezeption* dieser Angebote, wobei die Verluste von traditionellen Milieus wettgemacht werden müssen.

Eine solche Alterskultur müßte aber mit einer »Entprivatisierung des Alters« (H.-P. Tews 1996) gekoppelt sein. Sie müßte gleichzeitig auch gewisse Aspekte politischer Teilnahme und entsprechende Ausdrucksformen für die Öffentlichkeit mit einschließen.

Im Rahmen einer so entstehenden Alterskultur spielt unter den Bedingungen des allgemeinen Traditionsverlusts sowie der Standardisierung und der Individualisierung die *Weiterbildung* eine entscheidende Rolle. Es mag sich dabei um berufliche Fortbildung, »sabbaticals« (z.B. in Form von längeren Bildungsurlauben) oder um die Entwicklung von außerberuflichen, persönlichkeitsrelevanten Fähigkeiten handeln. Bildung ist notwendig, ob sie nun der Selbstbehauptung auf einem alternsfeindlichen Arbeitsmarkt dient oder der Vorbereitung auf selbstgewählte Lebensformen oder der Verfolgung von bereits gewählten außerberuflichen Zielen in der Lebensphase nach der Erwerbsarbeit.

Ein gewisser Anstieg der Weiterbildungsquoten ist zwar festzustellen, aber gering im Hinblick auf ein von Psychologen und Soziologen weit höher eingeschätztes Potential: Der mittlere Gesundheitszustand im Alter steigt. Das wird dazu führen, daß der Tod mehr und mehr zum Alterstod wird und die Krankheiten sich gegen das Lebensende hin verschieben, wenngleich diese Entwicklung noch nicht gesichert ist (Baltes 1996, S. 51ff.).

Die Verbesserungen in Medizin und Bildung haben wohl auch zum Anstieg der durchschnittlichen Lebenserwartung der über 60jährigen beigetragen. In Österreich ergab sich innerhalb eines Jahrzehnts ein Zuwachs von zwei Jahren für Männer wie Frauen, so daß die mittlere Lebenserwartung für 60jährige Männer jetzt 18 Jahre und für 60jährige Frauen 22 Jahre beträgt. Das mittlere Berufsaustrittsalter hingegen sank auf 57 Jahre.

Nirgendwo in Europa gelang es bisher, den Trend zum frühen Ruhestand umzukehren. Dieser »Ruhestand« ist zum Instrument beinharter Arbeitsmarktpolitik geworden. Dies geschah ohne Rücksicht auf das gewachsene qualitative Potential Älterer. Das Abschieben immer größerer Bevölkerungsanteile in den »Ruhestand« als Parkplatz der Ökonomie kümmert sich nicht darum, ob befriedigende Alternativen zur Arbeit oder sozial integrierende Lebens- und Sozialbezüge und Selbstwertgefühle für die Alten verfügbar sind. Alkoholismus und depressive Phänomene sind mitunter die Folge. So wird auch das Bild des »glücklichen Seniors« zerstört. Soziologische Einschränkungen des Begriffs der »späten Freiheit« werden auch dadurch deutlich, daß der Eintritt in die freigesetzte Alterswelt zumeist so *freiwillig* keineswegs ist, je mehr der Druck auf die älteren Arbeitnehmer steigt, so früh als möglich aus der Arbeitswelt zu verschwinden.

Die Frage nach der *Kontinuität im Lebenslauf* wird

von Psychologie und Soziologie unterschiedlich beantwortet. Die Psychologie geht von maximaler Unterschiedlichkeit zwischen Personen und gleichzeitiger individueller Kontinuität im Lebenslauf aus. Die Soziologie faßt Typen von sozial verschiedenartig bedingtem Altern zusammen und betrachtet das Modell einer individuellen Kontinuität im Altern kritisch. So kommen durch die Soziologie und die Tiefenpsychologie Krisen, Brüche, Revisionen und Neuanpassungen als Erfahrungen und Leistungen des Selbst in den Blick. Nur wer »diskontinuitätsfähig« ist, also Einbrüche im Lebenslauf als Bedrohungen der Person zu verarbeiten versteht und die Diskontinuität als *Herausforderung* und Chance sieht und kreativ »bewältigt«, kann neben Kontinuität auch Wandlungsprozesse in Mentalität und Handeln als Bedingungen einer *dynamischen Stabilität* begreifen. Zu einer solchen Stabilität wird es aber auch neuer sozialer Einrichtungen und der Stützung durch verbliebene Teile von Institutionen und institutioneller Gesinnung bedürfen. Dies deutet auf eine neue Alterskultur hin.

Eine neue Alters- und Altenpolitik braucht geänderte kulturelle Vorstellungen von den Lebensaltern. Dazu bedarf es der Gewinnung von Kenntnissen über die sozial jeweils wirksamen Selbst-Interpretationen dieser Lebensalter, einer verstärkten Aufklärung über Strukturzusammenhänge der »bunten Gesellschaft« und der damit einhergehenden Prüfung und Benennung von »Wohlfahrtsdefiziten«. Andererseits muß sich gegenwärtige Sozialpolitik für Ältere und Alte der zentralen Aufgabe stellen, die gemischten Solidarleistungen staatlicher und kleingemeinschaftlicher Angebote zu erkennen, zu fördern und zu unterstützen (Hummel 1995). Insgesamt muß es das Ziel jeder

Alterspolitik sein, die Abschottung der Alten zu überwinden. Die Bejahung und Förderung von Schutz und Sorge als Kulturaufgabe ist somit vielleicht das wichtigste allgemeine Ziel einer neu verstandenen Sozialpolitik mit differenzierender Anwendung auf die verschiedenen Lebensalter.

II. Kommt die Aufwertung des höheren Alters?

> Ergreife das Wort, alter Mann, denn dir steht es an. Doch schränke die Belehrung ein, und halte den Gesang nicht auf.
>
> Jesus Sirach 32,3

Schutz der Alten – eine biologisch fundierte Verhaltensweise?

Wenn hier die gesellschaftliche Stellung der Alten untersucht und prognostiziert werden soll, ist eine grundsätzliche Reflexion angebracht.

Alles soziale Leben, bis in die Einzelheiten des sogenannten Alltags hinein, ist historisch. Der Lebenslauf prägt sich im Ablauf der Geschichte samt ihren Rückfällen immer anders aus. Jede Einzelbiographie ist historisch. Dieser Gedanke wird uns für die folgenden Überlegungen hinsichtlich der Zukunft des Alters und der Stellung der Alten in einer künftigen Welt leiten müssen. Dennoch möchte ich einleitend und als kontrastierenden Hintergrund Ergebnisse aus der Biologie einbringen, die ich Hans Kummer, dem Schweizer Primatenforscher, verdanke. Als selber älter gewordener Forscher wandte sich Kummer der Erforschung der sozialen Stellung der *alten* Tiere in der

Pavianhorde zu. Das ist deswegen für uns von Bedeutung, weil die Paviane neben Schimpansen, Gorillas und Orangs zu den nächsten Verwandten des Menschen gehören.

Kummer zeigt, daß sich die Mantelpaviane, denen er wochen- und monatelang beobachtend durch die Wadis Äthiopiens folgte, *nicht* um ihre Alten kümmern. Er beschreibt, daß die Herde am Abend, wenn sie irgendwo halt macht, um vor den Raubtieren einigermaßen geschützt zu übernachten, nicht wartet, bis die Alten nachkommen. Es tritt kein Erfolgs- oder Jubelgeschrei ein, wenn Stunden später die schwer beweglichen alten Tiere sich doch noch an ihre Horde anschließen. Die Reaktionen sind andere, nämlich freudige, wenn einige verlaufene *Jung*tiere irgendwo gefunden werden. Kummer hatte zwar die Wächterfunktion der Alten in der Herde, besonders gegenüber Raubtieren, schon in früheren Forschungen geltend gemacht und diese Funktion als einen gewissen neuen Wert der Alten in der Horde nach deren Machtverlust herausgestellt. Besonders ausgeprägt ist dieser Machtverlust bei den alten männlichen Tieren nach dem Schwinden der Beißkapazität durch den Verlust der bedrohlichen Eckzähne und – im Zusammenhang damit – dem Verlust des »Harems«, der Gruppe ihrer Weibchen. Kummer kommt zu dem Ergebnis, daß in der Natur die Bedeutung des Überlebens und der damit verbundenen Stützung der unmittelbar biologisch Lebensgebenden vorherrscht. Das heißt, daß sich die Natur so lange und so stark um die Individuen sorgt, als sie als *Junge* stützungsbedürftig oder als geschlechtsreife *nachkommenschaftsfähig* und selber Hilfen für die Nachkommenschaft zu geben imstande sind. Gruppen, die aus diesen beiden Kategorien herausfallen, erhalten von der Natur keine Stützung mehr. »Die Evolution hat in tausendfachen Varianten Erfindungen für die Jugendfürsorge hervorgebracht. Altersfürsorge kennt sie nicht. Die für unser Empfinden fast gleichberechtigten Pole der Hilfsbedürftigkeit von Jungen und Alten stehen im Evolutionsprozeß nicht einmal miteinander in Konkurrenz, vielmehr zählt das Alter so gut wie gar nicht, weil es für die Zukunft des Genstroms fast bedeutungslos ist ... Die Evolution hat keinerlei Verhaltenssysteme hervorgebracht, die nur der Altershilfe dienen ... Was natürlich ist, ist deswegen für das Kulturwesen Mensch nicht auch schon richtig. Wo immer höhere Lebewesen vom Bemühen um das Überleben entlastet werden, benutzen sie die freien Energien auch zur Verwirklichung von individuellen und sozialen Zielen, die nicht dem Fortpflanzungserfolg dienen« (Kummer 1992).

Die Entstehung des Senioritätsprinzips

Auch die menschliche Entwicklung hat mit einer grundsätzlichen Nachlässigkeit in der Berücksichtigung der Alten begonnen. Bei den Jägern und Sammlern finden wir keine ausgeprägte Altenposition, auch keinen besonderen Schutz für die Alten. Selbst bei manchen Nomaden gibt es unter gewissen Bedingungen Altenvernachlässigung. So kommt unter extremen Belastungen die Zurücklassung von überlebensschwachen Alten oder deren Aussetzung vor.

Erst dann, wenn bei den Nomaden die Akkumulation, zum Beispiel ein bedeutender Besitz von Herden und Verfügungsmacht darüber auftritt, beginnen die Alten und vor allem die alten Männer eine größere Rolle zu spielen. *Seniorität* als allgemeines soziales System, innerhalb dessen die Alten, die »Zuerstgekommenen«, Führungsaufgaben haben, wird *in der Menschheitsgeschichte erst verhältnismäßig spät* und nur für eine relativ kurze Phase zu einem Wert an sich und zur durchgehenden Richtschnur für die soziale Praxis. Es darf allerdings nicht übersehen werden, daß es für den Machtstatus der Alten im Tierreich schon Prädispositionen gibt, daß bei höher entwickelten Tieren Rangordnung von gestufter Priorität bestehen. Revierbesitzer ist zum Beispiel, wer das Revier *früher* besetzt hat. Er muß erst verdrängt werden, damit es ein Neuer übernehmen kann. Alte Tiere, die sich Kompetenzen erhalten haben, werden als Kundschafter und »Ratgeber«, auch nachdem sie aus dem Fortpflanzungs-Wettbewerb ausgeschieden sind, durchaus respektiert. Bei den Zugvögeln gibt es ältere erfahrene Tiere, welche die Flugrouten kennen. Konrad Lorenz hat bei den Graugänsen alte Wächter entdeckt.

In der menschlichen Gesellschaft wird Seniorität als eine *Steuerungsfunktion* in der frühen Herausbildung der Seßhaftigkeit und in Verfügung über fruchtbare Böden entwickelt. Seniorität ist also vermutlich das Ergebnis der jungsteinzeitlichen Revolution. Beim Menschen entsteht Seniorität als Brücke, als Mittel der Kontinuität schon in Hirtenkulturen, besonders aber bei den Ackerbauern. Der Landbau, die Arbeit auf den Böden begünstigt Akkumulation, die Ansammlung von Besitz, und damit eine gewisse Konzentration von Verfügungs- und Entscheidungsmacht nach Regeln, die sich nach bestimmten Prioritäten richten. In nicht wenigen schwarzafrikanischen Stammesgesellschaften ist dies immer noch eine Priorität dessen, der *früher* kam, *früher* geboren oder *früher* irgendwo ansässig wurde. Diese Priorität brachte Seniorität. Sie wirkt sich dann auf alle ökonomischen und gesellschaftlichen Bereiche aus. So schaffen die Jungen Ressourcen durch die Ernte und die Herden, und die Alten verteilen die Ressourcen. Die Alten entscheiden aber nicht nur über die Produktion, sondern über viel mehr, so auch darüber, wer wen heiratet. Die Fortführung der partiellen Endogamie, vielfach die Ehe unter Cousins und Cousinen, wird, wenn nicht Außendruck durch Verstädterung, Schulwissen oder Medieneinfluß die Tradition zerstört, von den Alten so weit als möglich durchgesetzt.

Nach über einem Jahrzehnt ethno-soziologischer Forschungstätigkeit mit ausgedehnten Aufenthalten in Dörfern, Umfragestudien in Städten zur Generationenproblematik im Entwicklungsprozeß konnte ich im Januar 1995 durch Erhebungen in einem etwa 300 Personen umfassenden Dorf der Bambaragesellschaft im afrikanischen Staat Mali die Eheschließungen der letzten Jahrzehnte studieren. Ich kam zu dem Ergebnis, daß noch vor 10 Jahren mit wenigen Ausnahmen alle jungen Männer ihre Erstehe mit der Tochter des Mutter-Bruders eingingen. Diese Cousinage-Ehe wurde als System durch die Alten überwacht. In einer solchen Form von Verwandtschaftsehe, also der Teilendogamie, sind alte menschheitsgeschichtliche Tendenzen des Schutzes enthalten. Die Sorge der Sippen und Stämme war, und ist es teilweise noch, durch wohlgeplante Ehe-Anbahnungen Übersichtlichkeit und ein das Überleben begünstigendes Machtgleichgewicht zwischen den Sippen zu erhalten. Die Alten waren die Garanten der Übersichtlichkeit und des Gleichgewichts. Die Alten verlieren natürlich Kontrollmacht, wenn, was zunehmend vorkommt, die Ehen nicht mehr von ihnen gestiftet werden. Die Steuerung der Versippung ist ein soziales Lenkungsprinzip erster Ordnung. In den meisten Stammesgesellschaften liegt es bei den Alten. Woher stammt diese Macht der Alten?

Wer zuerst da war, repräsentiert Priorität. Er soll auch das Sagen haben. Dadurch bildet sich Seniorität als unbestrittenes Leitprinzip der Machtstruktur und sozialen Ordnungsgebung heraus. Dieses System war in der Menschheitsgeschichte allerdings nur eine kurze Zeit und nur beschränkt bestimmend. Es wäre falsch zu generalisieren, daß »einstmals« die Alten überhaupt rundum und allüberall das Sagen gehabt hätten. Die Kompetenz der Heiler beispielsweise ist nicht in dem Maße altersabhängig, in dem es die »politischen« Entscheidungen im Dorf sind, bei aller Verehrung des jeweiligen meist schon älteren Meisters der Heilung und Wahrsagerei.

Selbst dort, wo Seniorität stammesgesellschaftlich und frühgeschichtlich Bedeutung besaß, prägte sie sich der Art nach verschiedenartig aus. So gibt es in West-Afrika im Grenzbereich zwischen Mali und Burkina Faso die hochverehrten mönchartigen Dorfkönige des Stammes der Dogon. Es sind dies alte Männer in der Abschiedsphase ihres Lebens ohne soziale oder direkte gemeinschaftsbestimmende Macht. Sie haben rituelle Funktionen, leben an einem abgeschiedenen Platz im Dorf und werden nur von einem Kind spärlich mit Nahrung versorgt. Dieser König der Armut, der Hogon, »thront« oft auch räumlich in den Felsen oberhalb des Dorfes über einem nach dem Senioritätsprinzip organisierten Macht- und Wirtschaftssystem, hat aber nicht mehr Anteil daran.

Bei nomadischen Viehzüchtern, etwa den Massai in Ostafrika, sind es auch nicht die Allerältesten, sondern nur die Zweitältesten, welche die Macht im Stamm und in der Gruppe innehaben und das politische Stammesgeschehen beeinflussen. Überhaupt ist eine Alternative zum System der altendominierten *Sippe* das Altersgruppen- oder Kohortensystem, wo allerdings auch die Macht bei den älteren Kohorten liegt.

In Indien hat sich schon sehr früh die Rangordnung der Generationen in der Sippe nach der Ordnung des Ashram entwickelt. Nach dieser Ordnung zogen sich die Ältesten auch in der Landwirtschaft nach der Übergabe des Hauses in ein von der Sippe abgelöstes Dasein zurück. Sie begannen damit den »Waldgang«, durch den sie sich den Zufälligkeiten des Überlebens aussetzten. Es war dies, nicht ganz unähnlich dem Typus des Hogon, eine Form des dem Abschied zugewandten Daseins, samt dem Risiko zu verhungern. Diese Abgeschiedenheit in der Generationenfolge diente vielleicht als Modell für das vom Alter unabhängige, als genereller Meditationstypus sich herausbildende Yogatum.

Das frühe Zurücktreten der Altenmacht in der Menschheitsgeschichte

Schon ab dem 3. Jahrtausend vor Christus treten in den Hochkulturen die Alten als Machtträger zurück. Die sumerisch-akkadische Geschichte zeigt uns dies deutlich im Gilgamesch-Epos. Der junge Held und Kämpfer Gilgamesch läßt sich von den Ältesten nicht von seinen Plänen abbringen. Schließlich segnen sie ihn. In Ägypten ersetzen das organisierte Priestertum und eine rationale Verwaltung bereits im Alten Reich weitgehend die Senioritätsordnungen, wenn auch das Gebot Vater und Mutter zu ehren, wie es dann im jüdischen Dekalog erscheint, schon sehr früh in Ägypten schriftlich festgehalten wurde.

Und in Europa? Wie uns die Stadtverfassungen seit dem 8. Jahrhundert vor Christus in Ionien zeigen, treten die Alten in die Rolle von Beratern zurück. Sie sind nicht mehr die eigentlichen Entscheidungsträger. In der griechischen Klassik – der Schluß von Aischylos' Orestie zeigt dies deutlich – wird die oft gesellschaftslenkende Fluchgewalt der Alten, deren Bedeutung ich in den afrikanischen Dörfern kennenlernte, überwunden. Eine neue politische Verfassung, bei deren Institutionalisierung die strahlend-junge Zeus-Tochter Athene eine führende Rolle spielt, bringt die Zähmung der vorhandenen Altenmacht. Eine weltgeschichtliche Besonderheit bietet die chinesische Hochkultur. Dort blieben bedeutende Elemente der Senioritätsordnung in Verbindung mit dem Konfuzianismus bis in die Gegenwart herauf erhalten (Amann 1989).

Ich möchte dieses ethnologisch-historische »Satellitenbild« als Überblick für die weiteren Ausführungen voraussetzen. Denn sonst geraten wir sehr leicht in die falsche Vorstellung, wonach in der Geschichte der Menschheit bis herauf zur europäischen Neuzeit oder gar bis zum Beginn der Industriegesellschaft die Alten durchgehend eine entscheidende oder eine quasi-regierende Macht besessen hätten. Komplex, wie das Thema einer historischen Positionsbestimmung der verschiedenen ökonomischen und sozialen Gruppen der Alten (und der verschiedenen Stufen von Alter) in der Geschichte der Menschheit auch ist, möchte ich diese Warnung vor unbedachter retrospektiver Generalisierung und Idealisierung einer machtvollen und durchwegs positiven Altenposition aussprechen.

Lebenszyklus, Altersgruppen und Kohorten

Wir müssen aber den Horizont der Analyse noch erweitern. Statt das höhere Alter als nur *eine* Lebensphase herauszuheben und so zu studieren, sollten wir das späte Leben innerhalb des *ganzen Lebenszyklus* sehen. Genetisch und durch Umweltbedingungen sind Vorgaben aus den jeweils früheren Lebensabschnitten für die späteren immer wirksam.

Im späten Leben wirken die Speicherungen von Erlebtem und von erfahrener und erlittener Geschichtlichkeit im menschlichen Gedächtnis nach. Andrängende Gefühle über Vergangenes gewinnen Macht. Die Abrufbarkeit von Erinnerungen wirkt sowohl gefährdend als auch stützend. Das Leben wird mehr und mehr als eine »Geschichte« sichtbar, die man sich selbst erzählt. Das soziale und kulturelle Gedächtnis zeigt uns, wie verbunden die Lebensphasen im Einzelleben sind. Die Brüche und Diskontinuitäten sind ihrerseits nur selten an Lebensphasen gebunden. Der Lebenslauf stellt sich als ökonomisch-sozial vorgegebenes Abfolge-Muster heraus. Ich betone die zunehmende gesellschaftliche »Nötigung« zur Wahlbiographie und die damit auch wachsende Selbstbestimmung, die sich soziologisch allerdings in größerer Unübersichtlichkeit von Lebensphasen ausdrückt. Unter dem Begriff Lebenszyklus vergegenwärtigen wir uns hier die innere Verbindung von Phasen im Individualleben (z.B. »Gleichzeitigkeit von Ungleichzeitigem«) durch Erinnerung und das Verhältnis des Individuallebens zu den Bezugspersonen verschiedenen Alters (Enkel, Kinder, Eltern) im Rahmen des Familien-Lebenszyklus oder beruflicher Rezeptions- und Weitergabe-Zyklen.

Der Mensch lebt durch die ihn vor allen anderen Lebewesen auszeichnende bewußtseinsbildende Erinnerung zudem gleichzeitig in mehreren Lebensphasen. Die kalendarische Variable Alter, die aus dem Geburtsdatum abgeleitet wird, ist in der Sozialforschung (und besonders in der Gero-Soziologie und Sozialgerontologie) eine der Variablen, die besonders trügerisch und irreführend verwendet werden können.

Eine Alters- oder Alternsforschung, die von einer solchen kalendarisch bestimmten Perspektive ausginge, ohne den ökonomischen, gesundheitlichen, sozialen und kulturellen Gegebenheiten einen zentralen Platz für den Einfluß auf das Altern einzuräumen, wäre schon von vornherein fehlgeleitet. Ihr bliebe auch der Weg hin zum Verständnis des Konkreten und damit zur Hilfe für den einzelnen oder für die verschiedenen Gruppen älterer und alter Menschen verschlossen. Altern verläuft nicht nur nach genetischen, sondern auch nach sozialen und ökonomischen Vorbedingungen variabel. Die Pfade des Alterns sind vom finanziellen und kulturellen Aufwand abhängig und durch diesen gestaltbar.

Doch nochmals zurück zur Lebenszyklus-Perspektive: Eine Linie besteht aus Punkten. Wir sollten eine lange Serie von Punkten in einer Linie über das *ganze* Leben verteilt sehen, oder besser noch in *mehreren* solcher Linien. So würden wir das Leben mit seinen Kontinuitäten und natürlich auch seinen Brüchen besser verstehen. Die Punkte wären als Ereignisse und als Entscheidungen zu verstehen. Der Lebenszyklus wird durch diese Kumulation bestimmt.

Die Soziologie zeigt auf, wie sich in der Gesellschaft *Gruppen verschiedenen Alters* bilden. Sie treten zueinander in Beziehung, in Konflikt oder in Kooperation, und sie tun das in sehr verschiedener Weise. Das Zueinander von Altersgruppen prägt sich in der Familie anders aus als in der Schule, anders im Beruf und wieder anders im politischen Verteilungskampf. Wenn wir also von der gesellschaftlichen Gegenüberstellung von Altersgruppen sprechen, so muß diese Frage immer wieder anders gestellt werden, je nach dem Kontext, in dem sich die Gruppierungen bilden. Die Konfrontation der Generationen geschieht sowohl in kleinen und kleinsten Gruppen als auch in gesellschaftlichen Großgruppen.

Wenn wir das Lebensalter vorsichtig und – wie gerade betont – unter Einbeziehung anderer, ökonomischer, sozialer und kultureller Merkmale als Orientierungsgröße betrachten, sollten wir von *Kohorten* und *Generationen* sprechen. So wie man in einem individuellen Lebenslauf nicht nur eine einzige Lebensphase sehen darf, so darf man eine *Altersgruppe nicht nur in einem Moment* der Geschichte betrachten. Man muß die Gruppen als Kohorten, also im zeitlichen Fluß, im historischen Prozeß und seinen jeweiligen ökonomischen und kulturellen Bedingungen sehen. So ist von den Älteren und von den Alten der Zukunft vorauszusehen, daß sie um vieles mehr an Schulbildung genossen haben werden als die Alten heute oder gar die vor zwanzig Jahren. Wir können zeigen, wie die durchschnittliche Anzahl der Schulbildungsjahre zunimmt, je jünger die Kohorten sind. Aus bisherigen gerontologischen Forschungen geht hervor, daß von jenen Kohorten mehr Anspruch auf gesellschaftliche Achtung zu erwarten ist, die eine höhere Schulbildung genossen haben. Diese im Durchschnitt höher oder zumindest länger ausgebildeten älteren Personen werden mit ihren Ansprüchen auf wesentlich kleinere Populationen von Jugendlichen und Jungerwachsenen stoßen. Ein Vergleich der Ansprüche von Jungen und Alten wird wohl zu Konflikten führen. Ich erwarte deswegen nicht einen »Krieg der Generationen«, aber Verteilungskämpfe. Die Konfliktfronten werden aber auch da nicht einfach nach bloßen demographischen Kohorten, also nach kalendarischen Abgrenzungen verlaufen. Andere Variable wie Einkommen, Fitneß, kulturelle Anpassung der Alten kommen mit ins Spiel.

Konflikte werden vor allem dann auftreten, wenn die zunehmende Disproportionalität zwischen Arbeitsbevölkerung und Versorgungsbevölkerung (darunter Rentner und Pensionisten) durch die Erhöhung der Arbeitsproduktivität zu wenig ausgeglichen wird. Konfliktmildernd kann sich auswirken, daß die hohen Anteile von nicht mehr in der Arbeit stehenden Menschen durch eine starke Erhöhung der gesamtgesellschaftlichen Produktivität mittels verbesserter Technologien und verbesserter Organisation der Arbeitsverhältnisse kompensiert werden.

Wenn man über künftige Generationenkonflikte nachdenkt und über zu erwartenden Streit prognostisch spekuliert, dann darf man nicht nur von reinen Größenordnungen, also von den demographischen Prognosen, ausgehen. Nicht nur die Gewichtung der Bevölkerungsanteile, auch die ökonomischen, sozialen und gesundheitlichen Kräfte und Entwicklungen müssen, so schwer dies auch wissenschaftlich zu leisten sein mag, in die Überlegungen und Planungen für die Zukunft mit eingehen. Man darf nicht nur auf eine von gegenwärtigen Verhältnissen aus fortgeschriebene, demographisch prognostizierte Anzahl von Pensionisten starren. Man muß vielmehr die zu erwartenden Veränderungen in ökonomischen Variablen der Arbeitsproduktivität berücksichtigen. Zur Prognose sollte man auch Annahmen über die Verteilung des durch die Arbeitsproduktivität Geschaffenen in der Gesellschaft mit heranziehen. Stehen Verarmungen und Marginalisierungen bevor? Zu erwarten ist wohl eine Verringerung des Anteils der goldenen Nachkriegs-Opas und -Omas. Es gibt aber keine Automatik, mit der wir soziale Konflikte erwarten können. Wenn man viele Elemente zur Prognose einbringt, lassen sich voreilige Schlüsse und verfrühte Panikmache vermeiden. Wir vermögen dann abwägend vorauszudenken, in alternativen Szenarien. Diese könnten als Entscheidungshilfen dienen oder zumindest für Appelle zur Änderung herangezogen werden. Verstärkung privater Vorsorge von der Gesundheit bis zur ökonomischen Sicherung, Anhebung des abgerutschten (Früh-)Pensionierungsalters, angepaßt an die dramatisch gestiegene Lebenserwartung der Sechzigjährigen, wird oder ist bereits dringend notwendig.

Gegenwartswerte und die
Zukunft des Alters

Schließlich muß man sich wohl auch das soziale und kulturelle Werte-Klima vergegenwärtigen, aus dem heraus sich Zukunft entwickelt. Die Suche nach

Selbstverwirklichung hat sich seit den 60er Jahren auch zu einem Trend zur Ellbogengesellschaft, zur brutalen *Selbstdurchsetzung* und Dominanz auf dem sozialen und ökonomischen Markt verstärkt. *Unverbindlichkeit* ist dabei Überlebensstrategie in der Risikogesellschaft geworden. »Bewundert wird, wer sich nimmt, was er braucht« (Ulrich Beck). Manche Befunde deuten allerdings darauf hin, daß der Verlust von Solidarität nicht ganz so generell ist, wie er zu sein scheint. Aber Beliebigkeit und Unberechenbarkeit nehmen zu. Es wird – besonders in Nord-, West- und Mitteleuropa – immer ungewisser, wann wer wem und in welchem Ausmaß hilft.

Eine Mehrheit der Menschen lebt wenigstens phasenweise als Singles. Das *Alleinleben wird gesellschaftlich voll akzeptiert*. Ich nenne dies Singularisierung. Sinkende Geburtenraten und steigende Lebenserwartung ergeben die geschwisterarme »*Bohnenstangen*«-*Familie*. Sie bringt eine Gleichzeitigkeit mehrerer nicht im gleichen Haushalt lebender und kulturell divergierender Generationen mit sich.

Aber die Individualisierung zeigt sich auch in der Arbeitswelt. Die Anpassung an den Arbeitsmarkt bei beiden Geschlechtern erzeugt *selbstgebastelte Biographien* (Ulrich Beck), welche ihrerseits die Tendenz zur Individualisierung der Lebensformen steigern. Das politische Spektrum ist mit dieser Entwicklung verbunden. Auch hier entstehen Tendenzen der Auflösung, zumindest der Abschwächung von Institutionen. Seit der Mitte der 80er Jahre ist die Bindung an traditionelle Parteien in mehreren europäischen Ländern rückläufig. Das *Wechselwählertum* nimmt zu. Wähler und Politiker denken zunehmend taktisch und viel weniger prinzipienorientiert. Die politische

Programmatik wird deswegen diffus, was zur extremen *Personalisierung* und Medien-Schauspielerei in der Politik führt. Es fehlt an Bemühungen, übergreifende Ideenbilder für politisches Handeln zu entwickeln. Auch die großen Religionsgemeinschaften werden von der Auflösung institutioneller Ordnungen betroffen. Je geringer deren Selbstreflexion und je stärker ihre defensiv-unreflektierte Selbstrechtfertigung wird, desto mehr Selbstzerstörung betreiben sie. Für eine Alterns- und Alterskultur gibt es also wenig institutionalisierten Rückhalt.

Normative Unverbindlichkeit breitet sich in der Gesellschaft aus. Damit schwindet traditioneller Schutz der Alten. Das Vagabundieren auf der Suche nach Orientierung und Lebenshilfe setzt ein. Die Chancen der Handaufleger, Beschwörungskünstler und Schamanen steigen. Das Recht auf *Partikularität* wird beansprucht, aber als ein stets wandelbares. *Flexibel* zu sein ist »in«. Ein Lebensstil samt Selbstdarstellung wird gesucht, aber Werte gelten keineswegs als Dauerverpflichtung. Informationsüberflutung bringt »disconnected views«, Halbwissen, hervor. Konsum, teils auch Reisewut, werden zu Ersatzbefriedigungen, treten an die Stelle früherer Bildungswelten. Das färbt natürlich auch auf die Alten ab, die in die Seniorenwelt der Konsumgesellschaft gelockt und geschoben werden. Wer im frühen und mittleren Alter mehr Freude am Lernen gefunden hat, ist dem freilich nicht zwangsläufig unterworfen. Allerdings zeigen viele sozialwissenschaftliche Studien bei vielen älteren Menschen Klagen und Unsicherheiten hinsichtlich der Sinnfindung. Aus der belastenden Ungewißheit heraus werden depressive Haltungen verstärkt. Es gibt psychische Marginalisierung, das Einkommen ist nicht allein entscheidend. Kulturkontakte für ältere Menschen sind auch in den Städten nicht zureichend entwickelt. Daraus resultieren Gefühle der Einsamkeit. »Sinn« erfordert immer auch Kraft, etwas auf Dauer zu verfolgen, und diese Kraft wird durch Informations- und Anreizfluten gesellschaftlich unterspült. Vielleicht werden die »neuen Alten« damit besser umgehen können. Die Wissenschaften helfen oft nur wenig, Vorstellungswelten zur Lebensdeutung zu integrieren und sie als komplexe Gestaltungen auf Dauer festzuhalten, zu erproben und selbstkritisch auszubauen. Erst seit kurzem werden soziale Bürgerschaftsexperimente wissenschaftlich ausgewertet.

In einer solchen Situation gälte es, eine *gezielte Selbstsorge* zu entwickeln und gemeinschaftlich und gesellschaftlich zu erweitern. Vielleicht können neue soziale Verbindlichkeiten sich heute nur aus der Verantwortung für sich selbst und neue Gruppenbildung unter den Älteren (Hummel 1995) herausbilden. Von der Selbstsorge her wäre auch die *Selbstkritik* (samt Ansätzen zur *Selbstbeschränkung)* zu entwickeln. Freundschaften, Beziehungen quer durch die politischen oder kirchlichen Lager zu pflegen, die Kunst, begrenzte Loyalitäten zu entwickeln, könnte gegenwärtige Hilflosigkeit durch neue Brücken überwinden helfen.

Tendenzen der Abwertung und der
Aufwertung des Alters

Was wird zur Abwertung der Alten beitragen, was zur Aufwertung? Die Steigerung der Ansprüche auf psychische Bedürfnisbefriedigung führt zu erhöhter Trennungsbereitschaft. Es nehmen allerdings auch die Chancen der Selbstbestimmung in der Biographie zu. So entsteht Unsicherheit in persönlichen und privaten Beziehungen. Die Sicherheit, sich nach ganz bestimmten Werten zu orientieren, wird durch den wachsenden Supermarkt von Sinnangeboten unterwaschen. Aber auch der ältere Mensch der Zukunft, die kommenden Generationen der Alten, werden nach beidem, nach Bindung *und* Sinn, suchen, nach Ruhepunkten, eigenen Überzeugungen im Pluralismus. Ohne Ruhepunkt gibt es keine Selbstbestimmung, und die ist im Alter wichtiger denn je.

Auf fast allen Gebieten körperlicher Leistung und Selbstdarstellung setzen weiterhin Modelle, die von Jugendlichkeit abgeleitet sind, den Maßstab. Es handelt sich dabei um Bilder von Jugend*lichkeit* und nicht um die Realitäten und Bedürfnisse der Jugend als soziale Gruppe. Die Gesellschaft wendet sich für alle Altersgruppen den Werten der Jugendlichkeit zu, viel weniger aber der Jugend als Gruppe; ihr gegenüber gibt es Hemmungen, Mißtrauen und Ausgrenzungen. Aber Jugendlichkeit wird in der Konsumgesellschaft als ein besonders erstrebenswertes Ziel vorgestellt. Jugendlichkeit in Aussehen und Verhalten kann der alternde Mensch nur bedingt anbieten. Er muß sie kritisch und selektiv einsetzen, schönheitsbewußt und kommunikativ.

Altwerden wird in Zukunft nicht mit bestimmten verläßlich-festen Wertschienen und keineswegs mehr mit einer Reihe von Selbstverständlichkeiten verbunden sein, wie dies noch in der bürgerlichen Gesellschaft des 19. Jahrhunderts der Fall war. Wer leidet oder behindert ist, vom eigenen Körper in Ungewißheit versetzt wird, braucht als Stützung gewisse Verläßlichkeiten. Wer und was wird sie ihm bieten?

Aber auch positive Entwicklungschancen eröffnen sich den Älteren und Alten der Zukunft. Erhebungen zeigen, wie stark die soziale Akzeptanz von Tätigkeiten außerhalb des Berufs ist (Kohli 1996). Diese Akzeptanz wird vermutlich den Übergang vom Beruf in die Pension sozialpsychologisch begünstigen. Soziologische Daten aus verschiedenen europäischen Ländern zeigen uns aber, daß es gegenwärtig keineswegs eine volle Zufriedenheit mit dem Ausscheiden aus dem Beruf gibt. Es gibt eine Minderheit von 20 bis 30 Prozent, die bei Befragungen den Mut hat zuzugeben, daß sie mit der Pensionierung nicht so glücklich sei.

Ich wies bereits auf die Ketten von Punkten hin, welche die Linien des Lebenslaufs bilden, und betonte, daß es nicht eine Kette, sondern *mehrere* seien. Der menschliche Lebenslauf bietet ja sogar Chancen der Realisierung von mehreren voneinander *verschiedenen Selbstbildern*. Spielräume »später Freiheit« begünstigen die Zubilligung dieser Konstellation. Eine Vielfalt von Entwicklungschancen entsteht aus der Einsicht in die »Pluralität im Ich« und aus dem Gebrauch, der von dieser Vielfalt der Möglichkeiten selektiv gemacht werden kann.

Durch die Tendenzen zur Individualisierung und Singularisierung in der heutigen Gesellschaft steigen die Möglichkeiten des Menschen, innerhalb seines Lebenslaufs verschiedenen Selbstbildern Chancen glaubwürdiger Ausprägung und Realisierung zu geben. Wir werden kritischer gegenüber dem Begriff nur *einer* Identität des Menschen, die sich angeblich durch den gesamten Lebenslauf zieht. Der Anteil an der Konstituierung des Selbst durch das, was wir uns selbst und anderen über uns und unseren Lebenslauf *erzählen*, wird heute viel deutlicher gesehen als früher. Man dürfte nicht mehr von einer »Normalbiographie« oder von einem »Normallebenslauf« ausgehen. Um so eher kann man akzeptieren, daß es in den Bereich des Erlebbaren kommt, daß ich mit 50 ein anderer bin als ich mit 30 war oder mit 70 noch einmal ein anderer als mit 50, und daß ich mich mit 85 wiederum gewandelt haben werde, auf Grund neuer, zur Entwicklung gebrachter Elemente. Fernöstliche Weisheit, die nicht so sehr unter dem Zwang der Ich-Konstituierung und Ich-Realisierung stand als weitgehend die westliche Philosophie des Abendlandes, hat dies vielfach zum Ausdruck bringen können. Ältere Menschen werden dadurch ermutigt, gegenüber früheren Interessen neue zu verfolgen.

Die zunehmende philosophische Kritik einer auf instrumentelles Denken beschränkten Rationalität verleiht komplexen Vernunftformen mehr Ansehen. Eine solche Vernunft toleriert ein höheres Maß von innerer Spannung. Die komplexe Vernunft kennt andere Wachstums- und Entfaltungsmomente als jene, die vor allem den Wandel von Informatik und Technologie beflügelt. Sie schließt Denkweisen und Inhalte ein, die auf individueller Lebenserfahrung oder in Gruppen gemeinsam erworbener oder in Freundschaften erarbeiteter Erfahrung beruhen. Als Beratungswissen, etwa in Krisensituationen, vermag komplexe Vernunft überall dort wirksam zu werden, wo lebendige Beziehungen, beispielsweise in Partnerschaft und Familie, Voraussetzung für ihre Verwendung sind.

Die wenn auch erst beginnende Aufwertung der »komplexen Vernunft« kann wohl als Begünstigung des Altenstatus gesehen werden. Der ältere Mensch erscheint bei Anerkennung der komplexen Vernunft in seinem Wissen dann nicht mehr auf allen Vergleichsebenen als »überholt«. Besonders die *änderungsfähigen* älteren Menschen, die ihre Verantwortung nicht gleichgültig verkommen lassen, sich aber auch der Strenge und den Tendenzen der Selbstbestrafung durch neurotische Über-Ich-Strukturen (»Selbstschädigungsmoral«) verweigern, tragen zur gesellschaftlichen Aufwertung des Altersstatus bei.

Versöhnung und Schutz – neue integrative Tugenden

Alte Menschen vermitteln eher als junge Merkzeichen *für die Erduldung und Versöhnung von Widersprüchen* im Dasein. Hat man etwa einer ganz bestimmten Religion, Kirche oder Weltanschauung jahrzehntelang angehört und hat man trotzdem anders gehandelt, als deren Lehre oder Ideologie es wollen, so lassen sich Versöhnlichkeiten aus den im eigenen Leben verarbeiteten Widersprüchen gewinnen. Integrative Kapazitäten gegenüber Widersprüchlichem und Ungelöstem sind das Merkmal einer höheren Art von Vernunft, zu der die Alten sich zu befähigen vermögen.

Unsere Gesellschaft bedarf, je mehr sie entdeckt, daß rationale Einlinigkeit und Eindeutigkeit in den komplexen Fragen unserer hochentwickelten Welt für Problemlösungen nicht mehr ausreichen, *integrativer Fähigkeiten*. Man muß Divergierendes, ja Widersprüchliches miteinander verbinden und sogar versöhnen. Alte Menschen können unter bestimmten Bedingungen eine solche Verbindung und Versöhnung eher als junge zustande bringen, wenn sie wandlungsbereit bleiben.

Der Vorstellungskreis des Schützens und Bewahrens, der durch die ökologische Bewegung in das gesamte politische System eingebracht wurde, wird den Alten der Zukunft vermutlich zugute kommen. Allerdings ist die Verbindung zwischen dem Schutz der Natur und dem Schutz des Menschen theoretisch und politisch noch nicht hergestellt. Das Ideal der Reinerhaltung von Wasser und Luft und die Baum- und Tierliebe werden vorderhand im politischen Kampf leichter akzeptiert als die Anerkennung geschaffener Werte durch frühere Generationen oder gar Schutz und Bewahren schwieriger, »pflegeaufwendiger« alter Menschen.

Die Werthaltungen in den hochentwickelten Gesellschaften der Gegenwart sind, was Schutz oder Integration anlangt, sicherlich zwiespältig. Der Rechtsradikalismus unserer Tage, der Fremdenhaß und die Fremdenangst tendieren zu Ausgrenzung und Zurückweisung, zu einem Sich-Abschließen und Verweigern von Schutz. Andererseits treten aber Momente in der gesellschaftlichen Entwicklung auf, die stärker auf das Schützen und auf das Ernstnehmen des Schutzbedürfnisses hinzielen.

Schließlich können wir sagen: *Altern ist nicht insgesamt planbar oder lenkbar,* auch wenn Wissenschaftler, seien sie Mediziner, Sozialwissenschaftler oder Ökonomen, versuchen, Pläne zu entwerfen und Lenkungsansätze zu unternehmen oder Materialien sowie Orientierungen dafür zu bieten. Obwohl Altern nicht insgesamt planbar oder lenkbar ist, so ist doch die *Beeinflußbarkeit der Alternsprozesse* groß. Kräfte, die der Mensch in Akten der ihm zugänglichen Alternativen und damit begrenzten Freiheit zu entfalten vermag, können freigesetzt werden. So entstehen bewegende, meist im Einzelleben oder in einer Partnerschaft und in vielen anderen sozialen Kontexten wirksame Kräfte. Diese Kräfte kommen in den Zeilen des afrikanischen Dichters Dhlomo zum Ausdruck:

Die Alten

Sie sitzen in verschwiegenen Gedanken
ernsten Gesichts, Visionen in den Augen,
und sie erinnern sich, erinnern sich,
doch alles lähmt die Zunge. Was sie sagen
ist nur Geplätscher auf dem tiefen See,
ist unergründet, ziellos, ewig stumm.
Trotz schönen Friedens ist hier keine Ruhe,
kein Anfang oder Tod, doch stets Geburt,
ein Blühen in die stets endende Wirrnis
des stillen Lieds der Schönheit, als ob Götter
die Zaubernoten in ein Tal einzwängten,
im Murmelbett des Bachs die Laute schlügen,
oder die Saiten in die Berge stießen
oder ihr Thema in den bunten Schwarm
fliegender Weisen würfen.

Einwilligung in die Endlichkeit und Chancen für eine neue Altenrolle

Wo liegen die Voraussetzungen für die Gestaltbarkeit oder für das gesellschaftliche Mitwirken, für die Zugänglichkeit von Freiheit, für die »Freiräume« im späten Leben? Zur Beantwortung dieser Frage versuche ich einen Schritt zurück in die Philosophiegeschichte zu Immanuel Kant und Martin Heidegger zu tun. Kant sagte, daß in der *Gewinnung von Einheit* in der Persönlichkeit – einer Einheit – als Integration von Aktivitäten und Beziehungen, von Zielen und Erreichbarem – auch *Gefahren* liegen. Diese Gefahren will ich versuchen aufzufinden, um dann einen Vorschlag zu skizzieren, der dem Altern der Zukunft mehr Chancen geben soll.

Geeinigt kann das »Nicht-mehr-Jetzt«, also das Vergangene, mit der Gegenwart, dem Jetzt, nur werden, wenn dieses Vergangene im Bewußtsein *als ein Vergangenes* festgehalten wird. Da gibt es zwei Extreme: Eines liegt in der völligen *Abtrennung* vom Vergangenen als Leugnen, Vergessen, Zerstörung, und damit auch als *Verlust* des Vergangenen. Das andere Extrem zielt auf die »nahtlose« und damit irreführende und selbstbetrügerische *Einbeziehung* des Vergangenen in das Jetzt ab, als wäre das Vergangene noch Gegenwart oder gleichwertig neben oder in ihr enthalten.

Ältere Menschen sind in Gefahr, in das eine oder andere Extrem zu verfallen, wenn sie ihre »Zeitlichkeit« nicht zureichend erkennen. Diejenigen, die bei Familienfesten oder Kameradschaftstreffen von dem, was sie vor 50 Jahren und mehr erlitten und erlebten, so sprechen, als sei das Nicht-mehr-Jetzt Gegenwart, stoßen unweigerlich die Jungen ab. Indem sie nicht imstande sind, das Vergangene *als Vergangenes* zu bezeichnen und zu bewerten, konfrontieren sie die Jungen mit einer Fiktion, einer Pseudogegenwart. Das andere Extrem ist, das Vergangene einfach fallen zu lassen, zu vergessen.

Wie also Einheit stiften, nach der der Mensch sich sehnt? Ein »stehendes und bleibendes Ich« ist laut Kant nur als abstraktes, unser Denken begleitendes Korrelat aller unserer Vorstellungen legitim. Das Ich erscheint so als eine aus der Not der Zeitlichkeit und Wandelbarkeit des Menschen abgeleitete Fiktion. Das Selbst hingegen *gebiert* sich immer neu. Es ist stets in Bewegung, immer in Fluß, damit aber auch erneuerbar.

Nur wenn das Selbst sich nicht als ein in Einheit geschlossenes Selbst, nicht als ein stehendes und bleibendes Ich mißversteht, kann es seine Endlichkeit bejahen. Ein »stehendes und bleibendes« Ich vermöchte ja gar nicht in seine Endlichkeit einzuwilligen, denn es beruht auf der Vorstellung einer »schlechten Unendlichkeit».

Die *Endlichkeit* zu bejahen, so schrieb Sören Kierkegaard, sei der eigentliche Schritt hin zum Glauben. Religion und Glaube zielen, so Kierkegaard, nicht auf Unendlichkeit. Man müsse sich losreißen aus einer »Einheit des Lebens« wie Abraham, als er, der in der Kontinuität seiner Sippe und so im Sohn Isaak die Einheit des Lebens sah, sich losriß und dem göttlichen Auftrag zu folgen begann. Abraham war bereit, die Sippen-Einheit und damit selbst den Sohn zu opfern, um des Bundes mit Gott willen.

Der durch Reflexion gestützte Verzicht auf eine existentielle Quasi-Einheit des Selbst, eine Einheit, die ja nur als Artefakt unseres Denkens bestehen kann, macht erst bereit, ein *abschiedliches Dasein* anzunehmen. Ein solches abschiedliches Dasein nimmt in kontinuierlicher Bemühung die eigene Endlichkeit ernst und sucht auch Handlungen der Ablösung zu setzen, die zu inneren Gewinnen an Freiheit führen. Dazu gehört auch die Bemühung um geistigen und materiellen Nachlaß. Das ist besonders für den älteren und alten Menschen wichtig.

Aus dem Entschluß, unsere Endlichkeit zu bejahen, entstehen Momente von Freiheit. Aus diesem Ja zur Endlichkeit wird auch künftige Widerständigkeit frei. Ältere Menschen benötigen sie besonders gegenüber dem umfassenden Innovationsdruck unserer Wirtschaft und Gesellschaft. Dadurch wird aber auch eine lebens- und sozialkritische Haltung ableitbar, welche die Alten der Gesellschaft als Korrektur anbieten könnten. Dazu brauchen sie allerdings einen gewissen Mut und eine gewisse Sicherheit, die sie teilweise auch aus Bildung gewinnen können.

Sich von der Sucht nach immer Neuem abzulösen, vermag nur, wer die *Endlichkeit* bejaht. Die Sucht nach Innovation entsteht aus der Illusion von Unendlichkeit. Doch nur das abschiedliche oder endlichkeitsbewußte Dasein ist imstande, späte Freiheit zu gewinnen. Je mehr das Alter voranschreitet, je mehr die Wahrscheinlichkeit des Todes zunimmt, um so tiefer könnte das Verständnis der Abschiedlichkeit werden. Abschiedlichkeit – in anderer Sprachformel: die Bezogenheit auf Endlichkeit und ihre Verinnerlichung – wäre eine im höheren und hohen Alter angemessene Haltung, die Einsicht, daß »alles, was wirklich ist, getrennt ist« (Hersch 1990), obwohl in der Kraft der Schöpfung und der Liebe Vereinigung, wenn auch nur punktuell, möglich wird. Aber Liebe gedeiht in dem Bewußtsein, auch Abschied nehmen zu müssen, sterblich zu sein.

Es ist aus all dem vielleicht auch eher verständlich, daß zu einem alten Mann gesagt wurde: »Wenn jemand nicht neu geboren wird, kann er nicht eingehen in das Reich Gottes« (Johannes 3,3). Der betagte Nikodemus, an den sich dieses Wort richtete, antwortet dem jungen Wunderrabbi Jesus, er, Nikodemus, sei doch ein alter Mensch, wie solle er »in den Schoß seiner Mutter zurückkehren und neu geboren werden?« Der alte Nikodemus hat, so könnte man auslegen, seinen Glauben noch nicht gefunden. Er vermag die Neugeburt nicht zuzulassen, da diese Neugeburt ein »Sterben«, einen Abschied voraussetzt.

Einwilligung in die eigene Endlichkeit ist eine notwendige Bedingung für Freiheit. Diese Einwilligung in die Endlichkeit ist die Bedingung dafür, daß ein Glaube mit Hoffnung auf Neugeburt entstehen kann. Neugeburt verlangt Erneuerung als je einmaligen Prozeß. Das bedeutet nicht »Wiedergeburt« im Sinne stammesgesellschaftlicher Vorstellungen der Wiederkehr der Ahnen oder hinduistisch-buddhistischer Begriffe der Reinigung und Läuterung durch wiederholte Rückkehr in ein Leben, das der zunehmenden Ablösung und Befreiung vom Irdischen dienen soll.

Für die Alten der Zukunft werden solche Orientierungen der Einwilligung in ihre Endlichkeit und die »Neugeburt« vorhanden sein müssen. Dann können sie auch gegen die bloße Anpassung an die jeweiligen gesellschaftlichen Moden *Lebensweisheit*, also »Glauben«, damit Vertrauen, Widerständigkeit, Risikobereitschaft und Abschiedsfähigkeit entwickeln. So können sie einen eigenen Weg der Selbstabklärung, der Festigkeit und des Mutes für die Zukunft im späten Leben hervorbringen. Statt mehr und mehr zu Objekten des Marktes, des Konsums und bloßer »Betreuung« zu werden, können die Alten Subjekte gesellschaftlicher Entwicklung und Handelnde sein – mit einem lebendigen Selbst.

III. Konflikte der Generationen

> Lebendes und Totes, Wachsendes und Schlafendes, Junges und Altes sind eins. Denn das eine wandelt sich ins andere und das andere zurück in das vorige.
>
> Heraklit

Drei Bedeutungen von »Generation«

Im I. Kapitel schlug ich vor, drei Bedeutungen des Begriffs »Generation« zu unterscheiden: Generation kann als *die Gesamtheit der zu einer bestimmten Zeit geborenen Menschen* verstanden werden, die »in den Jahren der Empfänglichkeit« – also in Kindheit und Jugend – »dieselben leitenden Einwirkungen erfahren« (Dilthey), da sie zur selben Zeit aufwachsen, sich entwickeln und altern. Solche Generationen treten einander beispielsweise als Lehrer- und Schülergenerationen mit einem Abstand von 25-30 Jahren als »*Kontrahenten-Generationen*« gegenüber oder in viel kürzerer, fünf- bis fünfzehnjähriger Abfolge als »*Konsekutivgenerationen*«. So diffamierten die neuen Jugend-Generationen, die von asiatischen Religionen oder den Gedanken des »New Age« beeinflußt wurden, die Angehörigen der Generation der Studentenrevolte, indem sie von den 40- bis 55jährigen als

»68er« oder »Apo-Opas« sprechen. Generationen in dem genannten Sinn können wir als *»historische Generationen«* bezeichnen. Nicht alle Mitglieder derselben Geburtsjahrgänge erfahren »dieselben leitenden Einwirkungen« als Generation. So war für die Revolten der sechziger und siebziger Jahre nur die Bildungsjugend (Schüler und Studenten) – nicht Lehrlinge und unqualifizierte Arbeiter – empfänglich. Diese Bildungsjugend wurde zum Träger der Revolte.

In einem zweiten Sinn bedeutet Generation *Abstammung in Verwandtschaft und Familie.* Man könnte daher von *»Abstammungsgeneration«* sprechen. Schließlich wird von Generationen im Sinne *altersmäßiger Großgruppen* gesprochen, die politische Diskussion über Rentenansprüche führen und einander unter Umständen die Ressourcen streitig machen. Wir nennen diesen dritten Typus *globale Interessengeneration.* Man spricht in diesem Zusammenhang vom »Generationenvertrag«, der bestehe oder aufgekündigt werde.

Eine ganz grobe Bestimmung des demographischen Verhältnisses von Jung zu Alt scheint erforderlich. Allerdings ist, wie ich schon im I. Kapitel betonte, das bloße demographische Größenverhältnis ohne Berücksichtigung der wirtschaftlichen Produktivität irreführend. Dieses Größenverhältnis zeigt sich für west- und mitteleuropäische Verhältnisse etwa folgendermaßen: Waren um die Jahrhundertwende etwa 5 Prozent der Bevölkerung 60 und mehr Jahre alt, war dieser Anteil zu Beginn der 90er Jahre viermal so hoch, nämlich 20 Prozent. Um die Jahrtausendwende werden es etwa 25 Prozent sein.

Man rechnet, daß in etwa 35 Jahren rund ein Drittel der Bevölkerung in Westeuropa älter als 60 Jahre sein wird, wenn dann nicht schon außereuropäische

Wanderungen von jungen Menschen Europa massiv erreicht haben. Sprechen wir von den heutigen Älteren, so sollten wir immer auch im Auge behalten, daß diese Gruppe zur Zeit hinsichtlich des Geschlechts noch sehr ungleich proportioniert ist. Auf einen über 60jährigen Mann kommen statistisch gesehen zwei Frauen dieses Alters. Entsprechend hoch ist unter den Frauen auch die Quote der Alleinlebenden, was zwar viele soziale Folgen hat, aber nicht von vornherein als Disposition zur Einsamkeit interpretiert werden darf. Dieses *Ungleichgewicht nach dem Geschlecht* in der Gruppe der Älteren ist einerseits strukturell aus der entscheidend höheren *Lebenserwartung* der Frauen über 60 zu erklären – die Männer sterben im Durchschnitt aus bisher noch nicht zureichend geklärten Gründen um fast fünf Jahre früher –, andererseits geschichtlich aus der Nachwirkung der *kriegsbedingten Sterblichkeit* der Männer in den Jahren 1939 bis 1945.

Arbeitswelt und Altersschichtung

Der Verdacht, man wende den Alten finanziell zu viel zu, greift besonders in den USA und in England als Ageism um sich; entsprechend gibt es Absichten, diese Ausgaben zugunsten anderer Gruppen zu drosseln. Die Höhe der Aufwendungen für Alte hängt, das ist unschwer zu erkennen, mit deren Eintritt ins Rentenalter zusammen. Nun muß aber die *Frührente* in Österreich, in Deutschland, in Frankreich und anderswo – wie immer auch die Maßnahmen verbrämt wurden –, als *Beschäftigungspolitik für die Jüngeren* betrachtet werden. Man darf sie nicht als eine Zuwendungspolitik für die Älteren sehen.

Die Politik der Frührente oder Frühpensionierung entwickelte sich aus einem echten Kern von Arbeitsinvalidität. Besonders in der Schwerindustrie, beispielsweise der Stahlindustrie, oder unter den Bau- und Holzarbeitern gibt es einen hohen Anteil von Arbeitsinvalidität, der zum Teil in der Natur dieser Arbeit liegt, aber auch in fehlenden, arbeitsmedizinisch zuwenig erforschten oder gesundheitspolitisch zuwenig durchgesetzten Schutzmaßnahmen begründet ist.

Frührente ist heute allerdings eine Reaktion auf *strukturelle Arbeitslosigkeit* geworden. Es ist verständlich, daß gewählte Betriebsräte bei betriebsinternen Verhandlungen über Arbeitskräftereduktionen, die aus Gründen des Marktes oder der internen Rationalisierung notwendig sind oder zumindest als notwendig bezeichnet werden, sich leichter dazu entscheiden können, Arbeitnehmer über 50 in die vom Arzt bescheinigte (mehr oder minder organmedizinisch belegbare) Invalidität »freizusetzen«. Es fällt ihnen verständlicherweise schwer, 20jährige in die Arbeitslosigkeit hinauszukomplimentieren.

Der frühe Ruhestand hatte und hat in West- und Mitteleuropa die Funktion der Kontrolle von Arbeitslosigkeit. Er ist im Grunde eine beinharte Anpassung einerseits an das Arbeitskräftevolumen, andererseits eine Maßnahme zur Reduktion der Lohnkosten. Dadurch wird die nicht unwichtige *Arbeitskapazität* einer Minorität, nämlich der älteren Arbeitnehmer, *unachtsam verschleudert*. Auf die Verwertung der ökonomischen Ressourcen älterer Menschen, die der gesellschaftlich-wirtschaftlichen Wertmehrung dienen könnten, wird verzichtet. Absurd erscheint unter diesen Voraussetzungen, daß die lange Pensionszeit den Alten oft als Überkonsum und Überprivilegierung angelastet wird und daß man sie als Bevölkerungsgruppe dann unter dem Aspekt einer ökonomischen und sozialen »Belastungsquote« sieht.

Verkürzt und vergröbert gesagt: Zuerst schickt man die Menschen heim, entläßt sie aus Fabrik und Büro, um für jüngere, willfährigere und vor allem *billigere Kräfte* Arbeitsplätze »freizubekommen« oder um die betriebliche Rationalisierung zu erleichtern. Dann aber wirft man den so behandelten »Freigesetzten« vor, daß man sie so lange und so aufwendig erhalten müsse.

Nicht nur eine neue Arbeitsmarktpolitik, sondern vor allem auch eine neue *Personalpolitik* einschließlich verbesserter Arbeitszeitregelungen und eines wesentlich verbesserten *»fitting the job to the worker«* würden bewirken, daß Arbeitnehmer, älter geworden, gesundheitlich imstande sind, länger zu arbeiten.

Allerdings entsteht dann ein neues *Konfliktpotential* im Betrieb. Von Kommunikations- und Führungsstilen wird es abhängen, ob das aggressive Element in den nachrückenden Generationen ungezügelt auf innerbetriebliche Abschiebung der Älteren drängt und ob sich die Älteren aus Angst, entwertet oder hilflos zu werden, in Widerstandshaltungen gegenüber den Jungen und gegenüber Innovationen verschanzen oder sich aus dem Betrieb drängen lassen.

Die Jüngeren fühlen sich durch den Anspruch der Älteren, es besser zu können, abgewertet. Wenn sie einen solchen Anspruch der Älteren wahrnehmen, den sie weder rational noch emotional akzeptieren können, werden sie in ihrem Selbstwertgefühl bedroht. Geht man vom mittleren oder höheren Management aus, so sieht man: Die Jungen verstehen die inneren Ablösungsängste der Älteren nicht und erleben sich vorwiegend in einer strategischen Gegenstellung.

Für die Älteren ergibt sich – haben sie höhere Qualifikationen erreicht – das *Komplexitäts-Kompetenz-Dilemma*. Wer Komplexität nicht reduziert und den ausgeschiedenen »Rest« nicht anderen überläßt, schlittert in einen Kompetenzverlust hinein. Dieser selbst und von anderen wahrgenommene Kompetenzverlust kann auch bei hochqualifizierten Managern als Selbstwert-Verlust, ja als schwere Niederlage erlebt werden.

Ältere Menschen, die sehr verantwortungsvoll sind, werden eher in einen solchen Kompetenzverlust gedrängt. Verhaltenssouveränität zu gewinnen, sich durch die Neudefinition von Lebenszielen auf die Ablösungsprozesse und die Weitergabe von Macht an die jüngeren Generationen vorzubereiten, bedeutet aber auch, die eigene Kompetenz einzuschränken. Hier, in der zweckrational definierten Betriebswelt, gewinnt die von Paul und Margaret Baltes vorgeschlagene Handlungsstrategie »selektive Optimierung mit Kompensation« (Baltes 1996, S. 62) an Bedeutung. Da wäre es zweifellos eine große Beruhigung für die Betroffenen, wenn sie den Rückhalt hätten, gegebenenfalls Zugang zu *Beratungsmöglichkeiten* zu erhalten. Wo Stützung und Ausweichmöglichkeiten fehlen, kann man weniger leicht Terrain preisgeben. Wer Außenstützung durch zwischenmenschliche Beziehungen, durch Freundschaften und die dadurch vermittelte Sicherheit hat, vermag seine berufliche Tätigkeit und seine Erwartungen an sich selbst eher zu reduzieren.

Alt und Jung sind nicht aufeinanderprallende Naturgegebenheiten oder schicksalhafte Polarisierungen einer bestimmten Zivilisation oder Epoche. Altersgruppierungen sind in der sich wandelnden Wirtschafts- und Gesellschaftsstruktur lokalisiert und von deren Bedürfnissen und Präferenzen her bestimmbar. Die Ausformung des Altersspektrums erfolgt durch die Wirtschafts- und Sozialstruktur.

»Generationen-Krieg« ist kein unvermeidbares gesellschaftliches Schicksal, vor allem dann nicht, wenn Voraussetzungen erkannt und verändert und Gefahren abgebaut werden. Zum düsteren, bedrohlichen Szenario (R. Gronemeyer 1989), gibt es durchaus Alternativen, besonders in Gesellschaften, die lange Traditionen und damit auch große Erfahrungen mit Marktwirtschaft und Sozialstaatlichkeit haben.

Weder die deutschen noch die österreichischen, französischen oder italienischen Umfragedaten aus den letzten Jahren liefern uns in irgendeiner Weise Anhaltspunkte für das Heraufkommen eines dramatischen politischen Generationenkonflikts. Diesen Studien zufolge wird von Jungen und Alten mehrheitlich zugestanden, daß zur künftigen Renten- und Pensionsfinanzierung die Beitragszahlungen der jüngeren Generation angehoben werden müssen. Man muß allerdings auf der Hut sein. Die Reduktionen des Sozialstaats werden allerdings Spannungen mit sich bringen, die sich auch auf die Generationenverhältnisse auswirken werden.

Konflikt und Beistand in der Familie

Unsere empirischen Forschungen führten uns zwingend zu einer grundsätzlichen Unterscheidung zwischen den *gesellschaftlichen Generationen* und jenen, die aus *Abstammungsverhältnissen der Familie* herrühren. Die Daten, die wir aus Erhebungen zu der gesellschaftlichen Generationenperspektive gewannen, unterscheiden sich grundsätzlich von denen, die sich auf die andere, die Perspektive der Familie hin, ergeben.

Bei Vergleichen mit anderen Konfliktbereichen zwischen Generationen tritt die Familie als Austragungsfeld für Konflikte an die erste Stelle. Bei einer Umfrage in Österreich, die Gerhard Majce und ich 1990 durchführten (N = 1.500), gaben gegenüber etwa einem Drittel, das den Arbeitsplatz als Spannungsfeld zwischen den Generationen nannte, 60 Prozent die Familie als Konfliktbereich an.

Die Gegenwartsfamilie in hochentwickelten Ländern ist unter den Gesichtspunkten zunehmender *Individualisierung* und *Singularisierung* zu sehen. Als Alternative zur Familie wird heute auch das Einzelgängertum gesellschaftlich legitimiert und als Lebensform der Gegenwart anerkannt, was ich Singularisierung nenne. Nicht das Alleinleben an sich, sondern erst die gesellschaftliche Anerkennung mit ihren vielen sozialen und ökonomischen Folgen konstituiert die Singularisierung.

Gegenüber sozialer Bindung besteht ein generelles Zögern. In den Lebensgemeinschaften von Mann und Frau gibt es mannigfache Formen des »living apart together«. Die Angst vor Nähe und auch der Unwille, sich im Intimbereich mit den Problemen anderer Menschen als Teil der eigenen Problemlage auseinanderzusetzen, nehmen zu. Die singularisierten Individuen ertragen einander besser auf Distanz. Selbst bei Altehen nimmt die Scheidungshäufigkeit zu. Zwischen 1960 und 1990 vervierfachte sich in der

BRD die Scheidungshäufigkeit bei Ehen, die über ein Vierteljahrhundert gewährt hatten.

Innerhalb der letzten zwanzig Jahre ist überall in Europa der Anteil der Drei-Generationen-Haushalte stark zurückgegangen. In Deutschland war der Rückgang geringer als in Österreich, weil sich durch den relativ hohen Prozentsatz von kleinen Gemeinden in Österreich auch das Muster des – meist in Zweifamilienhäusern mit getrennten Wohnbereichen und Küchen – Zusammenwohnens der Generationen länger hielt. In den Dörfern und Märkten wohnen Großeltern, Kinder und Enkel, auch wenn sie keine Landwirtschaft betreiben, eher beieinander als in den Städten.

Das Zusammenwohnen von Familienmitgliedern verschiedener Generationen geht aber gegenüber dem singularisierten Haushalt oder dem generationengetrennten Haushalt zurück. Die Anzahl gleichzeitig lebender Generationen jedoch nimmt zu – und dies ist historisch neu. Kurz: die soziale Generationenvielfalt *wächst* – durch Zunahme der Lebenserwartung der Erwachsenen, besonders der über 60jährigen –, aber das haushaltsmäßige Zusammenleben als familiäre Wohngemeinschaft *nimmt ab.*

Vor einem Jahrhundert wurde in West- und Mitteleuropa nur eine kleine Minderheit der Bevölkerung, etwa ein Dreißigstel, alt genug, um eine Rente zu bekommen. In den sechziger und siebziger Jahren des 19. Jahrhunderts war die Rente als große sozialpolitische Neuerung und nicht zuletzt als bürgerliche Gegenmaßnahme gegen die aufstrebende und sozial und politisch drängende Sozialdemokratie eingeführt worden. Heute zeigen uns die Daten eine drastische Zunahme des Anteils der Rentner und Pensionisten.

Es verstärkt sich das Bild von zwei Generationen im Rentenalter sowie einer rapiden Zunahme der Urgroßmütter. Sowohl gegenüber Eltern als auch gegenüber Großeltern steigen die Verpflichtungen familiärer Hilfe und Pflege durch Menschen, die zum Teil selbst knapp vor der Pensionierung oder Frühverrentung stehen oder schon Pensionisten sind. Hatten vor einem Jahrhundert Kinder in Europa (ähnlich der überwiegenden Mehrzahl aller heute zehnjährigen schwarzafrikanischen Kinder) kaum mehr einen Großelternteil unter vier möglichen, so kennen heute in der Regel die Zehnjährigen nicht nur alle vier Großeltern, sondern auch noch ein bis zwei Urgroßeltern.

Da die Anzahl der hochbetagten Menschen steigt, nimmt auch das *Geichzeitigleben mehrerer Generationen in der Familie* zu. Weil aber die Zahl der Mitglieder pro Generation schrumpft, werden die jetzt Alternden *mehr vertikale* und *weniger horizontale Verknüpfungen* haben, also zwar Kinder, Enkel, Urenkel, aber kaum Geschwister, Schwager und Schwägerinnen oder Cousins und Cousine.

Die Dauer der Familienrollen nimmt dramatisch zu. Um 1980 verbrachten Frauen eine drei- bis viermal so lange Zeit als Töchter mit zwei lebenden Elternteilen wie Frauen um 1800. Der Zeitraum, den eine Frau als erwachsenes Kind eines Elternteils über 65 verbringt, hat sich in 200 Jahren (von 1800 bis heute) fast verdreifacht.

Die gleichzeitig lebenden Familienangehörigen wohnen weder in einem Haushalt zusammen noch wollten sie dies, wenn sie es könnten. Die Jungen sind in der Regel so früh wie möglich bestrebt auszuziehen; selbst diejenigen alten Menschen, die im täglichen Leben in der Haushaltsführung Hilfe und allenfalls sogar Pflege brauchen, und jene Personen, die diese Hilfe geben, sind *nicht gewillt, zusammenzuwohnen*. Man sieht daran, wie sehr die Generationen ihre *Unabhängigkeit* verteidigen. Man will sich aufeinander stützen, aber nicht miteinander leben. Die heutige »Familie à la carte« will ihre Lebensformen selbst wählen, wobei jedes Familienmitglied seine Auffassung und seine Sicht von der Familie verwirklicht sehen will.

Die *Verantwortlichkeit* der Kinder für die alten Eltern verliert an Selbstverständlichkeit, weil sie *subjektiver Definition* anheimgestellt und damit *prekär* wird. Das macht erforderlich, daß jeweils genaue Abmachungen darüber getroffen werden, wer wann und für welche Aufgaben verantwortlich ist und welche Spielräume bei der Durchführung bestehen. Die Solidaritätsbeziehungen müssen so stets erneuert und befestigt werden. Es ist abzusehen, daß die entstehenden Koordinations- und Zuordnungsfragen immer schwieriger zu lösen sein werden. Die *prekäre Gesellschaft*, in der wir leben, ist auf *zeitlich begrenzte Verträge* eingestellt.

Pflege im Generationenkontext

Die unbegrenzte Leistungserbringung für die Alten war integraler Bestandteil der klassischen Familientradition, der Normen und wurde oft auch realisiert. Heute stellt sich die Situation komplizierter dar, beispielsweise beim Problem der Langzeitpflege. Verantwortungsgefühl allein ist nicht ausreichend, um die Dauerpflege alter Menschen zu gewährleisten.

Familie ist nicht mehr so sehr eine in sich geschlossene, abgegrenzte Einheit. Sie dient eher dazu, den Sozialbeziehungen einen nach außen sichtbaren Rahmen zu geben, wobei sich der Inhalt der Beziehungen erst in ihrem Verlauf herausbildet und Bedeutung gewinnt. Die Familienbeziehungen, einschließlich der Hilfe, werden in Zukunft noch mehr durch *Selbstdefinition* der einzelnen Familien gekennzeichnet sein. Die individualisierte Grundhaltung wird sich direkt auf die Verhaltensmuster in einer Gruppe auswirken. Der heute vorherrschende Pluralismus der Ideologien und Lebensstile und der Wettbewerb der Menschen und Güter am Markt führen zu dieser Entwicklung (Hörl 1992, 85).

»Betreuung durch die Familie« ist eine euphemistische Umschreibung für noch immer überwiegende Frauenarbeit. Es ist nicht unrealistisch, auf diesem Gebiet ungleicher Arbeitsteilung früher oder später einen Wandel zu erwarten. Insbesondere treten Frauen verstärkt auf dem qualifizierten Arbeitsmarkt auf und wollen selbst während der Jahre der Kindererziehung dort präsent bleiben. Demnach ist es höchst zweifelhaft, ob die Töchter von morgen bereit und in der Lage sein werden, dem heutigen Muster der Elternpflege weiterhin zu entsprechen. Noch zweifelhafter ist, ob die Söhne von morgen ihren Teil der Verantwortung übernehmen werden. Phänomene wie die niedrige Geburtenrate, die gestiegenen Scheidungszahlen oder erhöhte qualifizierte Erwerbsbeteiligung der Frauen schaffen Problemsituationen, insbesondere für Kinder und hilfeabhängige Ältere. Deshalb neige ich dazu, die Kraft der Familie, Betreuungsprobleme auch in Zukunft *allein* zu lösen, skeptisch zu beurteilen. Ich glaube nicht, daß die Familie »kaputt« ist, aber sie ist strukturell und verhaltensmäßig verändert, auch ihre Wertvorstellungen änderten sich deutlich.

Schwächungen und Unterbrechungen von Kontinuität und die Bevorzugung *individuell bestimmter*, nicht primär nach sozialen Erwartungen vorgezeichneter *Solidarität* bilden die neuen Grundlagen für die Generationenbeziehungen. Es bleibt zu fragen, welchen Grad oder Typus von Integration diese neuen Formen von Generationenbeziehungen erreichen können. Solidarität kann jedenfalls keineswegs mehr fraglos vorausgesetzt werden, sondern bedarf einer ständigen Erneuerung und Neuverhandlung, welche die Bedürfniserfüllung für alle Beteiligten gewiß zu einer schwierigen Aufgabe macht. Eine Vielzahl von Verteilungsprozessen ist allerdings auf verschiedenen Ebenen im Gange (Attias-Donfut 1995).

Schließlich können die Beziehungen zwischen den Generationen in den Industrieländern heute nur verstanden werden, wenn die in den letzten drei Jahrzehnten ausgebaute soziale Wohlfahrt, insbesondere die massive Expansion von kommunal angebotenen Dienstleistungen, berücksichtigt wird. Familie und außerfamiliäre Organisationen verschiedener Art, die sich auf Sozialbürokratien stützen können, sind in ihrem Fortbestand zwar aufeinander angewiesen, doch ihre Ziele divergieren. Hohe Anpassungsgeschwindigkeit, Flexibilität im Falle des Auftretens unerwarteter Ereignisse, die Anwendung »nicht-technischen Wissens« sind die besonderen Stärken der Familien. Diese Leistungen können in den Organisationen sozialer Dienste auf Dauer nicht angeboten werden. Deren Experten sind mit genau definierten Aufgabenstellungen beschäftigt, die üblicherweise unter starren Zeitvorgaben erledigt werden müssen. Nicht selten modifizieren die Organisationsmitglieder die offiziellen Vorschriften. Die bürokratische Umwelt kann die Entwicklung von Intimität, Liebe und Solidarität aber nur innerhalb eines beschränkenden Rahmens zulassen.

In West- und Mitteleuropa werden zur Zeit noch mehr als drei Viertel aller Pflegebedürftigen über 60 zu Hause, vor allem von ihren Ehepartnern, versorgt, sofern diese noch leben, sonst meist von den erwachsenen Kindern. Die Belastung der pflegenden Familienmitglieder wird häufig unterschätzt. Man kennt nicht die Auswirkungen der Pflege auf die Gesundheit, die Psyche, die Intim- und Ehebeziehungen der betreuenden Personen, von denen etwa ein Viertel selbst über 60 Jahre alt ist. Vor allem die Langzeitpflege und die Pflege, die unerwartet anfällt, werden als besonders belastend erlebt. Aus Zuneigung und Ablehnung gemischte Gefühle der Ambivalenz kommen den geschwächten Eltern gegenüber unweigerlich auf. Ein Viertel der pflegenden Familienmitglieder gab bei einer sorgfältigen US-Studie zu, ihren Eltern gegenüber fallweise gewalttätig geworden zu sein. Aber auch die Alten werden, wo sie es noch können, gelegentlich handgreiflich.

Divergente Kulturprofile von
Generationen

Hier bezeichnen wir mit dem Begriff Generation Altersgruppen, die durch ihre gemeinsame Teilnahme an verschiedenen historischen Phasen gekennzeichnet sind. Solche Phasen lösten die durch stark prägende Ereignisse (Nationalsozialismus, Zweiter Weltkrieg, Nachkriegszeit und Wiederaufbau, Jugendrevolte der späten 60er Jahre) bei den sie durchlebenden Altersgruppen bestimmte typische Einstellungen und Verhaltensweisen aus. Sozialer und kultureller Wandel wird an den Generationen in den für sie charakteristischen *Haltungen* und wertenden Einstellungen sichtbar.

Wie sehr sich die verschiedenen Generationen in diesen für sie charakteristischen Haltungen unterscheiden, läßt sich aus Ergebnissen einer Studie von Franz Kolland und mir zeigen. Die am häufigsten genannten Elemente der *Kultur* sind für die älteren Generationen, die über 60jährigen, *außeralltäglich:* Theater, Museum, Ausstellungen, Literatur, darstellende Kunst, Malerei, Musik und Architektur.

In den mittleren Generationen (30- bis 60jährige) wiederholen sich diese Inhalte, doch wird der Kulturbegriff durch Fernsehen, Radiohören, Reisen, Sport und Essen erweitert. Die Angebote der *Massenkultur* wurden bei den Personen mittleren Alters integraler Bestandteil ihres deklarierten und teils auch gelebten Kulturbegriffs.

Die 20- bis 30jährigen nennen unter anderem auch Kulturinhalte der älteren Generationen, aber ihr Kulturbegriff verliert weitgehend an Kontur. Er umfaßt Kleidung, Kindererziehung, »Beislkultur«, Beziehungen zu fremden Ländern und Reisen. Zur »traditionellen Hochkultur« wird weniger über Wissen und Kompetenz Zugang gesucht, vielmehr durch unmittelbares subjektiv-affektives *Erleben*. Kultur ist für bestimmte Teilgruppen von Jugendlichen Suche nach einer Alternative zum Alltag, nach Spannung (Kolland 1996).

Zum Verständnis der Jugend können wir einen Blick auf die Kinder werfen. Durch das Wochenendverhalten der Eltern werden viele Kinder durch Stunden mit Video und Fernsehen alleingelassen; sie bleiben familiär unintegriert. So bilden die Kinder hohe eigene Konsumerwartungen aus, denn Konsum hat oft die Funktion der Kompensation eigener Unterlegenheitsgefühle. Das hochmechanisierte oder elektronische Spielzeug der Kinder im Pflichtschulalter stützt deren Prestige und kompensiert den Ausfall realer Beziehungen zu den Älteren und Eltern.

Kindheit verliert die Kontur einer eigenen geschützten Welt. Sie verflüchtigt sich sozial im Spiel des Marktes für Kinder und in den schulischen Lehrplänen. Schon früh, ab acht oder zehn Jahren, lehnt sich Kindheit bei Festen und Kinderparties an die Erscheinungsformen von Jugendlichkeit an.

Die Jugendwelt wird von den Kultur- und Unterhaltungsmächten als eigener Lebensbereich festgehalten. Jugend ist besser vermarktbar als Kindheit, darum beginnt sie so früh. So können wir auch verstehen, daß das Kulturverhalten der Jungen auf ein Zusammenzimmern einer ästhetischen Welt gerichtet ist, jedoch oft ohne selbstauferlegte anspruchsvolle Standards der Auswahl.

Kinder und die pensionierten Altengenerationen zeigen zunehmend die Tendenz zu Singularisierung und zu pragmatischem *Hedonismus*. Für *alle* ist Freizeit ein wichtiges, vielleicht *das* wichtigste Erfüllungsfeld. Freizeit wird als jener Lebensraum angesehen, in dem »ein junger Mensch von seiner Umgebung wahrgenommen« (Heinzelmaier 1992) und in dem darüber entschieden wird, welche Anerkennung ihm entgegengebracht wird. Trifft das nicht auch für die heute früh in Pension gehenden, durch neue Lebensstile gekennzeichneten Alten, die sogenannten »neuen Alten«, zu?

Bei den Jungen finden wir ein *Ende der Patronisierung* (durch Eltern und Erwachsene) bei *Aufrechterhaltung der Alimentierung* durch eben diese Eltern und durch den Staat. Die erwähnten Tendenzen zur Singularisierung führen zu einer frühen Distanz zur Familie. Hatte sich in Dorf und Kleinstadt aus der Familie oder deren Umfeld ein Kreis von Personen geradezu selbstverständlich für die Jungen angeboten, so sind die Jungen heute viel stärker in der Lage, ihre Ratgeber, wenn sie diese überhaupt unter den Älteren suchen, selbst zu wählen.

Wenn auch in den letzten Jahrzehnten der Anteil der Jugend in den hochentwickelten Gesellschaften rückläufig ist, entsteht doch, ähnlich der Verlängerung des Alters – 60jährige Männer haben heute in West- und Mitteleuropa durchschnittlich etwa 18, Frauen 22 Jahre Lebenserwartung – eine gegenüber der Berufszeit verlängerte Jugendphase. Es muß mehr und länger gelernt werden, um der Komplexität unserer Welt mit Kenntnissen und Fähigkeiten begegnen zu können.

Innovation im kulturellen Wandel

Die alten Generationen über 65 sind zum Teil noch sehr verschwiegen. Meist haben sie traumatische Erlebnisse und Zusammenbrüche, den Wechsel von Ideologien und Mächten sehr unvollkommen verarbeitet. Wir finden in diesen Generationen neben dem retrospektiven Neid viele unterdrückte Gefühle. Unsere österreichischen Untersuchungen (gemeinsam mit Gerhard Majce) lassen die über 65jährigen als »sparsamer«, »pflichtbewußter« und »anspruchsloser« erscheinen. Im Kontakt zur Jugend sehen sie sich zumindest so. Die Älteren fragen: Wie soll die Gesellschaft weiterbestehen, wenn die Jungen unsere Werte und Ziele nicht aufrechterhalten?

Viel Jugendkritik ist aus der Angst der Älteren um ihr eigenes Vermächtnis zu erklären. Sie befürchten die eigene kulturelle Veraltung, und dies mit Recht. Eine Auseinandersetzung der Älteren auch mit der eigenen Jugend und frühen Erwachsenenzeit in Krieg und Nachkriegszeit wird – wäre – nötig, um Erfahrungen weitergeben zu können.

Erfahrungen sind nie direkt vermittelbar, sie sind nur über die Brücke der Phantasie und über eine Kommunikation mit Gegenwartsbezug zu vermitteln. Durch ein befreiendes Sprechen und die Möglichkeit, Trauer und Schwäche zu fühlen und zu bekennen, könnten die Alten zu einer *alterspolyphonen Kultur* beitragen. Eine solche Funktion Älterer wäre eine bedeutende Kraft gegen die Wegwerfgesellschaft, die zugleich eine Verdrängungsgesellschaft ist. Diese bietet keinen Raum für geschichtliche Vielfalt, die Gleichzeitigkeit von Ungleichzeitigem. Vergangenheit wird rasch in die Tonne des Vergessens geworfen oder relativ unpersönlich rekonstruiert. Die Alten könnten hier helfen, eine Alternative zur Wegwerfmentalität aufzubauen. Kulturelles »Recycling« wäre als Neuvermittlung von Traditionen möglich. Dies bedarf aber wechselseitiger persönlicher Öffnung und des Verzichts auf Überlegenheit.

Wenn die älteren Generationen Vergangenes weder leugnen noch beschönigen, ermöglichen sie dadurch den Jüngeren einen Zugang zu den in der Geschichte versunkenen Erfahrungen auf dem Weg über die Rekonstruktion durch ihnen nahestehende Menschen.

Nähe zwischen den Generationen kann allerdings nicht unter Preisgabe der eigenen Wahrheit entstehen. Statt »Bewahrung« als Festhalten müßte *Wahrhaftigkeit*, auch als Mittel der Korrektur in der eigenen Entwicklung, in den Vordergrund treten. »Die Wahrheit«, so Michel Foucault, »ist das, was das Subjekt erleuchtet ..., was das Sein des Subjekts vervollständigt oder transfiguriert«.

Neue Deutungen werden von den neuen Generationen oft zuerst aufgegriffen, besonders sofern es sich um Angehörige von begünstigten Schichten handelt. Die Wirkungen der Einflüsse müssen sich dann bewähren. Durch die kontrastreiche Selbstdarstellung drängt das Neue nach vorne. Dies geschieht in phasenhaften Schüben von unterschiedlicher Dauer, an denen Generationen im Sinne von Jahrgangsgenossen mit Erlebnisgemeinsamkeiten beteiligt sind. Das können politische oder kulturelle Schübe sein, und diese beiden Arten von Entwicklung müssen nicht synchron auftreten. Allerdings sind selbst die Stilwandlungen der Malerei oder der Architektur nicht ohne diese Generationenperspektive verständlich.

Den durch neue Generationen herbeigeführten Innovationen ist eigen, daß sie sich oft nur im Konflikt, mit Einbrüchen in bestehende Machtsphären oder mit Eklats zeigen können und zunächst ohne breiteres Verständnis vorankommen. Und natürlich gibt es Konflikte nicht nur zwischen dem Alten und dem Neuen, sondern auch unter den jeweils neuen Kreationen und Weltdeutungen der Jungen, die um Anerkennung ringen.

Wichtige Umbrüche im Stilwandel oder neue

wissenschaftliche Paradigmen, die wiederum neuen theoretischen Sichtweisen den Weg bahnen, sind viel stärker in Generationenkonflikte und Generationenwechsel eingebettet, als das meist von der Wissenschafts- und Ideengeschichte gesehen und dargestellt wird.

Wir halten die Interessenkonflikte der Altersgruppen auf wirtschafts- und sozialpolitischem Gebiet für steuerbar – unter der Voraussetzung einer auf die Verhältnisse nicht nur nach Opportunität reagierenden Politik. Ein mörderischer Generationenkampf ist *nicht* unvermeidbares Schicksal. Auch in der Familie scheinen bei zunehmender Außenstützung Überbrückungen des Generationenkampfs möglich. Aufklärung, psychische Bewußtseinsarbeit und reale Organisationsangebote sollte man hinsichtlich kultureller Distanzen und der Brüche zwischen Generationen nicht geringschätzen. Sollte die späte Moderne, die so vieles nebeneinander zu tolerieren bereit ist, nicht den Umgang mit Brüchen zu lehren imstande sein? Das Bewußtsein, entweder selbst alt zu werden oder *endlich* zu sein, ist vielleicht der stärkste Verbündete für eine vernünftige Verhandlung, für ein Agreement zwischen den Generationen.

Die Zukunft der Generationenverhältnisse ist weder katastrophal noch idyllisch. Neues wird immer und notwendig auch mit Zerstörungen einherkommen. Was vom Früheren überflüssig oder auch schädlich und blockierend sein mag, um diese Entscheidungen müssen die heutigen wie auch die künftigen Generationen ringen.

IV. Eros und Liebe im Alter

> Eine Alte sprang los,
> wie ein Zicklein hoch empor:
> sie wollte Blumen bringen.
> »Tochter reich' mir mein Feiertagskleid,
> Ich muß an eines jungen Ritters Hand ...«
> (Neidhart von Reuenthal,
> 1280–1337)

> Kann ich klugen Leuten gelten
> als ein hochbetagter Greis,
> Da ich noch mit junger Liebe
> spiele um der Jugend Preis!
> (Hafis, 1320–1389)

Eros in Mythos und Philosophie

Eros war, ehe er in die Philosophie und schließlich in die Wissenschaft einging, zuerst eine Vorstellung des Mythos, dann der Geheimlehren und schließlich, in den Dialogen Platons, philosophische Metapher für Erneuerungs- und *Schöpferkraft*, für *Zeugung* im Körperlichen wie im Geistigen. Freud hat den Eros, in seiner – wie er selbst sie nannte – »mythologischen Trieblehre« wieder als Faktor des Weltgeschehens eingesetzt und ihm dadurch Erklärungskraft zugewiesen. Bei Freud trägt der Begriff Eros den Grundcharakter der *Überwindung von Konflikt*. Eros ist Freud zufolge der wirkungsvollste Gegenspieler des Todes- und Zerstörungstriebes.

Die ursprüngliche mythische Bedeutung des Eros war allerdings die einer *Kraft der Ekstase*. Eros bedeutete die Überwindung von Normalität, die Ablösung von unmittelbarer Realitätsbewältigung. Eros war sowohl im Mythos als auch in den Geheimlehren eine Vorbedingung für Vereinigung. Eros bedeutete Hinführung, ekstatische Initiation zu Höherem. Im Rahmen der Vorstellungen von einem erfüllenden, einem *produktiven Leben* im Alter läßt sich der Eros-Begriff im Sinn seiner ursprünglichen Bedeutung des Schöpferischen wiederbeleben.

Eros hatte bei Platon mit dem *Entrücktwerden* zu tun, wodurch sich aber auch eine gewisse *Selbstbezogenheit* des Entrückten verstärkt. Eros wird durch die Ergriffenheit von anschaubarer Schönheit, also *Sinnlichkeit*, ausgelöst, führt weg vom Realen. Eros weckt eine Urerinnerung in der menschlichen Seele. Die Erschütterung, die von ihm ausgeht, entzieht sich der bewußten Kontrolle, er bewirkt einen Prozeß, der den Menschen überwältigt. Eine göttliche Kraft geht von ihm aus, die sich zwar über das Sinnliche vermittelt, aber durch die so verursachte Entrückung aus Alltag und Gewohnheit hinausführt. Eros ermöglicht eine Seelenfahrt, in der das ideal Schöne geschaut werden kann. Nach deren Ende, nach der Verzückung, erlahmt die Seele. Sie lebt dann von der Erinnerung an die außerirdische Schau. So lehrt der von Platon im »Phaidros« zur Deutung des Eros als Lebensmacht erzählte Mythos. Von Platon wird auch geschildert, wie der Seele Flügel wachsen:

»Der, wenn er ein gottähnliches, die Schönheit wohl abbildendes Antlitz sieht oder eine solche Körpergestalt, wird zuerst von Schauer ergriffen, und es überkommt ihn etwas von ... Beängstigungen. Sodann aber, wenn er es anblickt, verehrt er es wie einen Gott ... Indem er nämlich durch die Augen den Ausfluß der Schönheit in sich aufnimmt, wird er von einer Erwärmung durchdrungen, in deren befeuchtendem Zug die Keimkraft des Gefieders sich löst. Infolge dieser Erwärmung aber schmilzt um den Keim desselben das, was vorlängst, in Härte sich zusammenschließend, ihn zu sprossen verhindert hat. Indem aber nun Nahrung zuströmt, schwillt und strebt aus der Wurzel hervorzukeimen des Gefieders Kiel um die ganze Gestalt der Seele ... Es pocht und juckt und kitzelt sie, indem ihr das Gefieder keimt ... Wenn sie, ... diesen Liebreiz in sich aufnehmend, von jenem lösenden Wärmezug durchströmt wird, so erholt sie sich vom Schmerz und fühlt sich wohl. Wenn sie aber einsam ist und vertrocknet, so dorren die Ränder der Öffnungen da, wo das Gefieder hervorbricht, zusammen. Und sie sperren, sich verschließend, den sprossenden Trieb des Gefieders ab. Unbekümmert aber um Bewahrung von Sitte und Anstand, womit sie sonst sich zierte, ist die Seele deswegen bereit ... so nahe als möglich bei dem Gegenstand ihrer Sehnsucht zu ruhen ... Diesen leidenschaftlichen Zustand ... heißen die Menschen *Eros* (Platon, *Phaidros*, 250e-252c).

In Platons »Symposion« erklärt die Priesterin Diotima auf die Fragen des Sokrates: Weil er aus der Urerinnerung heraus die Erschütterung im Menschen schaffe, sei Eros *mehr als ein Mensch*. Als prinzipiell ungesättigte Kraft, die immer neu nach etwas strebe und den Menschen dadurch antreibe, könne Eros jedoch *kein Gott* sein. Vermittler zwischen Gott und Mensch, »Daimon«, nennt sie daher den Eros. Denn er überbrückt die Kluft zwischen Gott und Mensch, »so daß er durch seine Vermittlung das All mit sich selber zusammenbindet« (*Symposion* 202c).

Darüber hinaus soll Eros durch ekstatisch erworbene Kraft »Zeugung« hervorrufen. Durch diese Zeugungskraft vermag das sterbliche Wesen *Unsterbliches* zu vollbringen und zwar auf prinzipiell zweierlei Weise, sowohl als Zeugung von *Nachkommenschaft* als auch durch *geistige Kreativität,* durch das Setzen von Handlungen, Taten oder Werken, die *unsterblich* genannt zu werden verdienen, ob es sich nun um Bauwerke, politische Verfassungen oder Philosophie handeln mag.

In der Erfahrung des Eros im höheren Alter wird die *Verbindung von seelischer Ergriffenheit, geistigem Potential und Verlangen* eher ansprechen als die Einseitigkeit entweder bloßen Schwärmens oder bloßer Sexualität. Auch das Hinausweisen über das Gewohnte scheint für den in der Routine des Lebens ermüdeten älteren Menschen einen besonderen Reiz auszustrahlen. Die von Platon geschilderten »Urerinnerungen« durch Eros sind gleichfalls für den alten Menschen bedeutsam. Die seelische »Ekstase«, das Hinaustreten aus der Enge, vermag sich mit der Urerinnerung, einer Berührung mit einer unbekannten, aber doch gefühlten Nähe zu verbinden, die ein Einverständnis mit sich selbst bewirkt.

Liebe und Personbegriff

Liebe, so sehr sie aus sexuellem Reiz oder auch sexueller Befriedigung hervorgehen oder dadurch gestützt werden mag, sieht die andere Person als Sein, das nicht zum Objekt gemacht werden kann. In der Sicht des anderen wird in der Liebe der Mensch *Partner* und damit nur sekundär abhängig von seinen objekthaft definierbaren Eigenschaften. Der Mensch wird in der Liebe um seiner selbst willen angesprochen. Oder er spricht neben den objektorientierten Interessen den anderen Menschen um dessen letztlich nicht definierbaren Werts willen als Person an. Er sieht ihn als ein der eigenen Personhaftigkeit vergleichbares »Ebenbild« an, nicht als Objekt.

Martin Buber hat das Phänomen der personalen Zuwendung zu einer Theorie der dialogischen Beziehung ausgebaut. In einer solchen Beziehung wählen die Menschen einander oder erneuern in Entscheidungen der Liebe diese Wahl. So vermag sich Liebe auch zu erneuern, wenn die sexuelle Anziehung nachgelassen hat, die »Chemie« nicht mehr voll durchschlägt und die Idealprojektionen dahinschwinden oder gemindert werden.

Im Unterschied zum Eros ist *Liebe ein intentional operierendes* Selektionsprinzip. Nach der Konzeption Martin Bubers lautet es: »*Ich wähle Dich*«, ich suche in dir mein Du – nicht mein Ich –, und du suchst in mir dein Du. Im Personsein die Begegnung zu suchen, darin das Personsein des Du aufnehmen zu können, das konstituiert die *Beziehung* der Liebe. In der Liebe liegt etwas von Ausschließlichkeit, aber nicht aus Blindheit, sondern, wie Max Scheler darlegte, bei erweiterter und vertiefender Sicht. Liebe macht sehend. Liebe ist der selektiv durchhaltbare Extremfall von Zuwendung. Liebe geht zweifellos über Verpflichtung hinaus, aber muß die Verpflichtungen beinhalten, als Bindung, die auf selbstgesetzter Entscheidung für den anderen beruht. Liebe ist eine Sonderverpflichtung mit – wenn sie glückt – höchsten Belohnungen der Wechselseitigkeit und der intrinsischen Befriedigung, weil durch Liebe auch Anerkennung vermittelt wird. Das Wohlbefinden in der Liebe stammt nicht zuletzt aus dieser Anerkennung. Als *verbleibende* Anerkennung vermag Liebe auch bei Zurücktreten erotischer Reize in langfristigen Partnerschaften des späten Lebens zu stützen und zu ermutigen. Die Schönheit des alten Gesichts kann in einer solchen Liebes-Beziehung ihre Wirksamkeit entfalten und auch den behinderten alten Menschen als eben die geliebte *Person* weiterhin seelisch tragen und anerkennen. Die österreichische Dichterin Christine Busta, die vor wenigen Jahren hochbetagt verstarb, hat dies so ausgedrückt:

»Der Liebe wird alles wichtig und lieb:
eine Schattenmulde in der Wange,
das Runzelgeflecht ums Auge,
eine Kindheitsnarbe unter den Zehen,
ein verborgener Makel der Haut,
eine sichtbar werdende Ader
und die kahle Stelle im Haar.

Jeder Verlust wird auch Gewinn
und mehrt die Erinnerung.
Treuer als Lust macht Zärtlichkeit,
die Schmerz um Vergängliches erneuert.
Aus den Filtern behutsamer Trauer
bergen wir die Schönheit, die bleibt.«

Forschungen zur Sexualität im Alter

Der eben versuchte Einblick in mythische und philosophische Konzepte zu Eros und Liebe muß hier noch durch Hinweise zur Sexualität ergänzt werden. Im 18. Jahrhundert entwickelte sich der Begriff der

Sexualität. Damit wurde damals eine Naturkraft bezeichnet, die kanalisiert und geordnet werden muß, damit sie für Mensch und Gesellschaft nicht zerstörerisch werde. Im 19. Jahrhundert wird Sexualität als Trieb und Drang verstanden, entweder als Durchbruch zur *Elementarität* oder, in romantischer Sicht, als Schlüssel zum *Geheimnis*. Im 20. Jahrhundert bricht sich die medizinische Perspektive und – durch die Tiefenpsychologie Freuds – die *Verwissenschaftlichung* von Sexualität Bahn. Damit gewinnt das aufklärerische Element des Aufdeckens von Hintergründen an Boden.

Heute verbreitet sich eine eher pragmatische Haltung der Hilfe zur Stützung und Entfaltung von Sexualität, als Emanzipation der Frau und des Weiblichen, aber auch als Emanzipation der Liebesgefühle und Sexualität der Älteren. Damit ist meist die Absicht verbunden, die Bedingungen für den Zugang zur Sexualität zu verbessern. »Störungen« aller Art in der Sexualität des späten Lebens sollen »behoben« werden. Mit »Sexualität« wird – ganz anders als beim oben angesprochenen Begriff der »Liebe« – das angesprochen, was Objekt werden kann. In der Sexualität gibt es das Liebes*objekt*, auch wenn durch Verschmelzung im Sexualakt der Objektcharakter des anderen teilweise wieder aufgehoben wird.

Im Unterschied zum Eros, der die Annäherung an das Ideal und die Idealisierung des Partners herbeiführt, das Entschweben ins Gefühl und die Phantasie eines Verewigungs-Wunsches »beflügelt«, führt die Sexualität auf die Erde zurück. Sexualität bedeutet Handeln, Ergreifen und Sich-ergreifen-Lassen. In der »Verkörperung« des Gefühls treten auch die *körperlichen Merkmale* des Partners oder der Partnerin, sichtbare und erfühlbare Gestalt, Stimme und Geruch, in profilierter Deutlichkeit hervor. Sie werden als solche geschätzt oder als irritierend empfunden. In den erotischen »Traum« schiebt sich die Realität des Fleisches. Sexualität bedeutet also Realisierung, »Endlichwerden« des Eros mittels der erfüllenden, aber auch Grenzen zeigenden Sexualität.

Wie steht es nun um Ergebnisse der Forschung? Einstellungen heute über 60jähriger zu sexual-moralischen Fragen ähneln zunehmend den Einstellungen der um 25 Jahre jüngeren Personen vor 25 Jahren. Unter gewissen Voraussetzungen kommt es zu einem *nachholenden Lernen* bei Älteren im Sinne des Ergreifens »später Freiheit«. Das chronologisch, vom Geburtsdatum her bestimmte Lebensalter verliert überhaupt an Erklärungskraft. Andere Variablen wie Einkommen, Beruf, Bildung, Gesundheit und Aktivitätsbereitschaft können die Unterschiede im Verhalten und Erleben von Eros und Sexualität besser erklären. Auch hier gilt wieder die im ersten Kapitel entwickelte Regel vom sozial differenzierten Alter.

Berichte und Aussagen aus Selbsterfahrungsgruppen weisen immer wieder auf das Partnerdefizit der Frauen höheren Alters hin. Wenn sie auch nicht allein ausschlaggebend ist, spielt die demographische Proportion zwischen den Geschlechtern doch eine wichtige Rolle. Bei den über 75jährigen beträgt in den west- und mitteleuropäischen Ländern das Verhältnis der Frauen zu den Männern zur Zeit 2:1, bei den 85jährigen und Älteren fast 3:1. Dies ist wohl eines der zur Zeit am wenigsten lösbaren Probleme von Eros und Liebe im späten Leben. Die beschriebene Disproportionalität nach dem Geschlecht wird sich für die über 65jährigen allerdings im Verlauf der kommenden

30 Jahre Schritt für Schritt zu einem weit weniger krassen Verhältnis ausbalancieren.

Traditionelle Gesellschaften suchten das Problem der Partnerlosigkeit älterer Frauen durch die *Leviratsehe* zu lösen und bewältigen es zum Teil immer noch so. Ein Mitarbeiter bei meinen Forschungen in der westafrikanischen Republik Mali, der seit zwölf Jahren sowohl als Sanitätsgehilfe als auch Chauffeur unseres Landrovers regelmäßig und monatelang für uns tätig war, hatte mit seiner Frau zehn Kinder gezeugt. Als gläubiger Moslem wurde er durch den plötzlichen Tod zweier seiner älteren Brüder dazu angehalten, die beiden Frauen dieser Brüder in Leviratsehe zu sich zu nehmen. Das bringt ihn, der demnächst mit einer äußerst schmalen Pension auskommen muß, in die außerordentlich schwierige Situation, den Unterhalt nicht nur für die eigene Familie, sondern auch für die beiden Witwen und »zusätzlichen Frauen« und deren zwanzig Kinder zu bestreiten. Natürlich bietet diese Leviratsehe für die beiden nicht mehr jungen Frauen, die sonst sowohl ökonomisch als auch sexuell völlig vernachlässigt wären, eine menschliche und soziale Rettung. Onan wurde, wie in der Bibel nachzulesen ist, dafür bestraft, daß er sich weigerte, die Frau des verstorbenen Bruders zu ehelichen. Er zog es vor, seinen Samen in den Sand zu vergießen (1 Mose 38,9), statt die Leviratsregel zu befolgen. Das Vergehen Onans war eines gegen die soziale Vorsorge und Einbettungspflicht gegenüber Witwen des Clans, nicht eines der Unkeuschheit. Was kann statt der Leviratsregel, die einer anderen Gesellschaftsform entstammt, heute zur Integration von betagten Witwen beitragen? Hierauf stehen die Antworten weitgehend aus.

Untersuchungen der Duke Longitudinal Study (einer US-amerikanischen Studie an denselben Personen über Jahrzehnte hinweg) haben etwa 60 Prozent aller Beobachtungspaare im Alter von 60 bis 74 als sexuell aktiv beschrieben. 30 Prozent der Untersuchten im Alter von 75 bis 85 Jahren und etwa 10 Prozent der über 85jährigen wurden von den Forschern als sexuell aktiv eingestuft. Die genannte Duke-Study hat die physische und psychische Gesundheit als besonders wichtige Einflußgröße für die Sexualität im Alter nachgewiesen im Unterschied zu einer neueren Querschnittstudie an 4.000 Frauen und Männern in den USA, nach der das Gesundheitsproblem eine geringere Rolle für die Sexualität der späten Jahre spielt. Es könnten Entwicklungen im Gange sein, die bewirken, daß auch bei eingeschränkter Gesundheit zunehmend eine gewisse sexuelle Befriedigung erlebbar bleibt.

Bei den Männern über 65 Jahren bestehen, weil sie zu zwei Drittel verheiratet sind, andere Voraussetzungen für die Realisierung der heterosexuellen Beziehungen als für die über 65jährigen Frauen, von denen nur noch jede dritte einen Ehepartner hat. Das sind Bedingungen soziologischer und demographischer Art, die für die Beschreibung, aber auch für die Bewertung der Sexualität der späten Jahre enorme Bedeutung besitzen.

Bei vielen Studien fehlen allerdings Daten über die sozialpsychologischen Kontexte von Partnerschaftsbeziehungen. Die Sexualität wird sozusagen »nackt«, das heißt ohne affektiven und sozialen Bezugsraum, erhoben. Besonders schlecht erforscht sind diese psychosozialen Bedingungen für die weibliche Alterssexualität. Unser Verständnis der Sexualität der

zweiten Lebenshälfte entwickelt sich also erst schrittweise. In den psychologischen und soziologischen Studien der Gegenwart sind die sexuellen Verhaltensweisen und Reaktionsformen des *Mannes* wesentlich besser untersucht als die der Frau. Es lassen sich aus Durchschnittswerten im wesentlichen drei Hauptergebnisse benennen:
- die Verlangsamung der Erektion des Gliedes,
- die Verringerung des Ausstoßes beim Ejakulat,
- die längere Erregungsphase bis zum Orgasmus.

Eine erneute Erektion kommt nach einem Coitus mit Ejakulation bei über 50jährigen Männern im Durchschnitt später als bei jüngeren. Von den beträchtlichen interindividuellen Unterschieden her läßt sich vor allem die Bedeutung der *Einstellung* und die *Bereitschaft zum Versuch* auf die Überwindung einer nicht selten beobachteten »Coitus-Trägheit« bei älteren Männern zurückführen.

Die längere »Anlaufzeit« beim alternden Mann muß der sexuellen Partnerschaft keineswegs abträglich sein. Gerade die Verzögerung der Ejakulation innerhalb des zunehmenden Erregungsprozesses des Coitus ist als Altersphänomen beim Mann eher positiv zu werten. Die im Vergleich zum Mann durchschnittlich länger ausgedehnte Reizungsphase kann der Frau sowohl hinsichtlich der Tiefe der Begegnung als auch der Steigerung der Lust zugute kommen.

Für die *Frau* werden als Altersveränderungen eine geringere Reaktionsgeschwindigkeit, geringere Gewebeelastizität, zu geringe Schleimhautsekretion, vor allem aber schwächere Erregungsmöglichkeiten angeführt. Bei der älter gewordenen Frau dauert der Orgasmus weniger lang, und die Zahl der Kontraktionen nimmt ab. All dies sind nur sehr generalisierte und individuell stark variable Werte.

Auf die vielfältigen hormonellen Probleme, die sich vom Klimakterium an einstellen, kann hier nur hingewiesen werden. Die Altersforscherin Ursula Lehr (1978) vertrat die Auffassung, daß das Klimakterium als schwierige Phase oder sogar als Krise im mittleren Leben generell überschätzt werde. Traditionelle Befürchtungen und viel zu globale Thesen zur »Midlife-crisis« hätten dazu beigetragen, Ängste vor den klimakteriellen Veränderungen in breiten Schichten hervorzurufen.

Hormontherapien zeigen aber doch die verschiedensten schwer abschätzbaren somatischen und psychischen Konsequenzen für das sexuelle Verlangen oder auch hinsichtlich der psychischen Irritation, der Reizbarkeit oder Kränkbarkeit der Frau. Die Hormon-Therapien erweisen sich allerdings auch als hervorragendes Mittel zur Verhinderung der Osteoporose, die eine hohe Anfälligkeit für Knochenbrüche bei der älter werdenden Frau mit sich bringt.

Sozialer Wandel – sexueller Wandel

Geschichtliche und kulturelle Veränderungen und deren Spiegelung in Wissenschaft und Medien spielen durch ihren Einfluß auf die Normen und die sozialen Erwartungen eine wichtige Rolle. Einstellungen und sexuelle Praktiken ändern sich mit der Zeit, sie erhalten neue Deutungen. So zeigte schon der Starr-Report (1982), daß die durchschnittliche Coitushäufigkeit der 60jährigen zu Beginn der 80er Jahr sich der Sexualität der 40jährigen zur Zeit des Kinsey-Reports der späten 40er und 50er Jahren annäherte. Die deutlich geringere Coitushäufigkeit im Alter, die heute in den älteren Generationen mit einiger allgemeiner Sicherheit festgestellt werden kann, ist in diesem Ausmaß *nicht* als generelles Gesetz für alle Zukunft und nicht für alle Gruppen der älteren Bevölkerung von morgen als Verhalten zu erwarten.

Schon bisher unterschieden sich die Lebensstile der Älteren, was Körperbezug, Intimität und Sexualität anlangt, nach Schulbildung, sozialer Mobilität und Medienkontakt wie auch nach der Verfügbarkeit ökonomischer Ressourcen und nach der Sozialschicht. Von diesen Merkmalen der sozialen und ökonomischen Lebenslage, aber auch von Handlungsressourcen wie dem Mut zur Begegnung sind Sexualität, Eros und Glücksempfinden im späten Leben abhängig. Das Neu-Erlernen und Neu-Definieren eigener intimer und sexueller Verhaltensweisen mit dem Älterwerden nimmt bei den höher gebildeten, aktiv partizipativen Gruppen stärker zu als bei den übrigen Älteren. Die neuen Kohorten sind nachweislich mehr mit ihrem Lebensentwurf befaßt als die früheren. Die älteren Alten waren und sind im Alternsprozeß mehr auf Selbstbescheidung eingestellt. Bei den neuen Kohorten ist insgesamt mehr Entwicklungspotential vorhanden, auch ist ein stärkeres Achten auf den eigenen Lustgewinn feststellbar.

– Sexualität als ein aus Bewertungen, Aspirationen, Verhalten und Aktivitäten zusammengesetzter Komplex bildet sich als solcher im Alter nicht unverrückbar zurück. Wie Altern überhaupt, ist auch die Sexualität im Alternsprozeß *beeinflußbar und gestaltbar*. Sie läuft nicht einfach nach generellen biologischen Gesetzmäßigkeiten ab. Veränderungen sind von vielen Merkmalen bedingt, die nicht altersabhängig sein müssen. Durch mehr Erkenntnis über sich selbst und den Partner können enorme Gewinne von Gefühlen der Nähe und wechselseitiger Lusterfüllung entstehen.

– Die späte erotische Liebe hängt entscheidend von der oder den *Partnerbeziehungen* ab. Hohe Qualität dieser Beziehungen ermöglicht die Entfaltung von Strukturen und Merkmalen der Persönlichkeit und auf diesem Weg auch der Sexualität.

– Sexuell ist das höhere Alter eine viel *bewegtere Phase,* als bisher allgemein angenommen wurde. Aus Krisen sind potentiell Erfüllungschancen zu gewinnen, allerdings unter der Voraussetzung der Stärkung problembewußter und lösungsgerichteter Grundhaltungen. Sonst führen Krisen samt Enttäuschungen zur Einengung von Verhaltensweisen.

– Kulturelle Faktoren sind für die Herausbildung von *Wertvorstellungen* wichtig. Sie gehen in die Motivationsprozesse und in die Entscheidungen älterer Menschen hinsichtlich ihrer sexuellen Einstellungen und Verhaltensweisen ein. Kulturelemente, die, wie zum Beispiel im Islam, Liebesfreuden unter bestimmten Bedingungen fördern, spielen auf dem Weg der Verhaltensbeeinflussung eine große Rolle.

– Die Einstellungen Älterer zu *sexualmoralischen Fragen* beginnen sich den Einstellungen der um 25 Jahre jüngeren Personen anzunähern. Die entscheidenden Trennungslinien hinsichtlich sexueller Normen und Werte (auch der Verhaltensweisen) verlaufen vorwiegend nach anderen Merkmalen als jenen des chronologischen Lebensalters, so beispielsweise nach Bildung, Gesundheit, Vielfalt der Interessen.

– Die allerdings immer noch bestehende *gesell-*

schaftliche Abwertung von Alterssexualität drückt sich auch intergenerativ in der Familie aus. Manche erwachsenen Kinder haben Schwierigkeiten, das sexuelle Verhalten der altgewordenen Eltern zu akzeptieren, besonders wenn die Eltern sich scheiden lassen und sich neu verheiraten. Es spielen da vermutlich noch schlecht verarbeitete Inzestängste und Befürchtungen hinsichtlich des Erbganges eine Rolle.

– Die Akzeptanz der späten Sexualität folgt einem deutlichen Nord-Süd-Gefälle in Europa, nimmt aber allgemein zu. Dies ist teilweise auch auf Organisationen von und für »Senioren«, also auf eine *institutionalisierte Selbstrepräsentanz der Älteren als Gruppe* zurückzuführen. Solche Organisationen haben die Tendenz, das Selbstgefühl zu stärken, durch sie ergeben sich aber auch vermehrt Gelegenheiten zu erotischen und sexuellen Kontakten. Reisen und Kuraufenthalte spielen ebenfalls eine Rolle, natürlich auch die finanziellen Mittel dafür.

– Ein Sonderfall der gesellschaftlichen Abwertung der Alterssexualität läßt sich in den *Altersheimen* feststellen. Der körperlich und oft auch der (zusätzlich) geistig eingeschränkte Mensch verliert prinzipiell seine Sexualität in der Heim- oder Pflegesituation nicht. Der Bereich, in dem sie auch in geschlossenen Anstalten erlebt werden könnte, wird aber oft unnötig stark eingeschränkt, so daß man nicht selten Ehepaaren gemeinsame Zimmer verweigert.

– Aufgrund frühkindlicher und in der Jugend verstärkter *Normbindung* können ältere Menschen oft nicht gegen die in ihnen selber aufgebauten Erwartungen und Normen handeln. So verlangen ältere Patienten, welche die Enge solcher Bindungen erkennen, vom Therapeuten, den sie als »Setzer« und Vertreter von Gegennormen beanspruchen wollen, daß er ihnen den »Normenwechsel« ermögliche. Änderungsbedürfnis ist also vorhanden.

– Sexualität läßt sich im späten Leben leichter als früher »*abschieben*«. Es gibt defensive Strategien der Persönlichkeit gegen die Selbstexposition durch Geschlechtlichkeit. Die Überinvestition von Energie in Arbeit oder Prestige oder Ersatzbefriedigungen wie Sammelleidenschaft zählen zu diesen Kompensationsmöglichkeiten. Der alte Goethe beklagte sich in seiner Korrespondenz in den Jahren nach der Liebes-Enttäuschung in Marienbad, daß er sich von der Sammelleidenschaft nicht zu lösen vermochte.

– Freud stellte ein wichtiges Paradoxon heraus. Er hob einerseits das *Abwechslungsbedürfnis* in der Sexualität hervor. »Ein im Leben wichtiger Charakter ist die Beweglichkeit der Libido, die Leichtigkeit, mit der sie von einem Objekt auf andere Objekte übergeht.« Und er betonte andererseits den *fixierenden* Charakter der Libido: »Im Gegensatz hierzu [zur ›Leichtigkeit‹, mit der die Libido von einem Objekt auf das andere Objekt übergeht] steht die Fixierung der Libido an bestimmte Objekte, die oft durchs Leben anhält.«

Auch im *alternden Eros* sind, je nach Persönlichkeit verschieden, beide Tendenzen, die bewegliche und die fixierende, vorhanden. Allerdings: Gelebte Bindung erscheint als die beste Sicherung gegen späte Einsamkeit, wenn – wie etwa nach einem Partnerverlust – die realen Verhältnisse später Alleinsein auferlegen. Partnervielfalt im späten Leben hat Chancen – aber auch beträchtliche Risiken. Sie müssen von den einzelnen Menschen sorgfältig gegeneinander abgewogen werden.

Beeinträchtigungen von Eros und Sexus
im späten Leben

Der Kult der »Jugendlichkeit« (nicht der »Jugend« als Bevölkerungs- und Sozialgruppe) verstärkt sich. Trotz wohlfahrtsstaatlicher Minimalsicherung der Älteren und Alten gibt es nach wie vor Tendenzen der gesellschaftlichen Abwertung und Ghettoisierung der Alten. Durch ihre gesellschaftliche »Unbrauchbarkeit« und die Zuweisung von »Spielwiesen« wird das Selbstbild der Alten weiter geschwächt. Das erhöht ihre teilweise unbewußt bleibende Angst und blokkiert Lust und sexuelle Aktivität. Die Berührungsängste der Alten selbst nehmen dadurch zu, ihre »Einigelung« samt Kompensation durch Raffgier und Besitz wird verstärkt.

Ein solches singularisiertes psychosoziales Klima führt für die Älteren entweder zu einem Nebeneinander von zwei Autisten in der Partnerschaft oder zu »Festungspaaren«. Diese Paare zeigen häufig nach außen Einheit, aber erschöpfen sich nach innen in wechselseitigen Grabenkämpfen der Alltagsbewältigung und biographisch-retrospektiven Schuldzuweisungen, bis ein Partner, meist zuerst der Mann, stirbt. Der Tod des Partners führt dann nicht selten zu nachträglicher demonstrativer Verklärung des Verstorbenen. Dies dient zugleich der Abwehr jeglicher weiterer Versuche zu sozialer oder erotischer Neu-Bindung und damit zur Radikalisierung der eigenen Abkapselung. Letztere erlaubt es bei dem hier geschilderten Typus auch, von der Umwelt (Kinder, Enkelkinder usw.) Bedauern zu verlangen oder die Verwandtschaft kompensatorisch zu mißbrauchen. Dabei zeigen neuere Untersuchungen, daß erotisch ausgelöste Neubindungen im Alter gute Chancen des Gelingens haben.

Depressive Reaktionen sind häufig ein Ergebnis innerpsychischer Konflikte, die auf die Abwehr von Triebimpulsen zurückgehen. Eine solche Triebabwehr tritt biographisch und lebenslaufmäßig aber nicht erst im Alter auf, wenn sie sich auch im Alter, teils aus gesundheitlichen Gründen, teils unter dem Einfluß gesellschaftlich noch vorhandener negativer Stereotype, verstärken kann. Der Sexualität im Alter wird dann eine Art Riegel vorgeschoben, die Triebabfuhr wird behindert. Damit erfolgt dann meist auch die Abwehr oder Einschränkung einer intimen, sich selbst erschließenden und hingebenden dualen Beziehung.

Zur Abwehr einer solchen intim-sexuellen Beziehung, um die Nähe zum Partner oder zu erotischen Partnern zu vermeiden, wird oft eine Triangulierung aufgebaut, also ein Dreieck gebildet. Die eingeigelte Person schiebt zur Abwehr von Intimbeziehungen zwischen sich und den Lebenspartner einen Dritten, ein Kind oder Enkelkind. Nach dem Tod des Partners wird diese ehemalige »Drittperson« (Tochter, Enkelkind) häufig noch stärker mit Beschlag belegt. Triangulierung als Flucht aus einer dualen Beziehung kann allerdings auch bei Menschen im mittleren Alter vorkommen, sie kann neben Kindern, Schwiegerkindern oder Enkeln auch pflege- und hilfsbedürftige hochbetagte Angehörige zur »Abwehr« gegen Partnerbeziehungen mißbrauchen. Durch solche oft selbstverordnete »Aufopferungen« wird die sexuell und emotional unerfüllt gebliebene Partnerbeziehung real preisgegeben oder stark eingeschränkt.

Die wechselseitige Abwendung der Partner voneinander und die damit oft verbundene weitgehende oder völlige Ablösung von der Sexualität tragen zu einem Gefühl des Scheiterns bei. Für die Männer bildet sich kompensatorisch statt der Zuwendung zu einer *Person* eine erhöhte Suche nach Ehrenstellungen, Auszeichnungen, oft verbunden mit Leistungen, Sammeltätigkeit aller möglichen Art, kurz Gewinnung irgendeiner Form von *Macht über etwas*, heraus.

Besser als Triangulierung wäre »Ko-Evolution« (Radebold 1992 und Willi 1986). Sie bedeutet eine ständige Veränderung der Beziehung in einem lebendigen Austausch von Erotik und Sexualität auf dem Hintergrund der Liebe.

Nur im Fluß eigener individueller Fortentwicklung können Partner auch bei verschiedenem Entwicklungsergebnis einander verbunden bleiben. Unterschiede in den Zielsetzungen und im Bewältigungsverhalten und können von koevolutiven Partnern im Alter wechselseitig toleriert und anerkannt werden.

Psychotherapeutische Erfahrungen mit älteren Paaren besagen, daß Einzel- und Paartherapien im fortgeschrittenen Alter der Klienten erhebliche Chancen haben. Sexualität ist auch im vorgerückten Alter weiterhin gestaltbar, läuft nicht generell nach biologischen Gesetzmäßigkeiten ab. Veränderungen sind oft von Ereignissen bedingt, die nicht altersabhängig sind. Es ist damit zu rechnen, daß zunehmende Differenzierung von Einsichten und Erkenntnissen über einen selbst und den Partner, die unsere Kultur zu fördern imstande ist, Gewinne an Unmittelbarkeit und Nähe bringen und in der Folge auch die wechselseitige Lusterfüllung erhöhen.

Von der gelebten Sexualität können wir auch eine

Steigerung des produktiven Lebens im Alter erwarten. Eine neuere Studie zeigt, daß sexuell aktive ältere Personen wesentlich weniger depressiv sind und sozial stärker aktiv bleiben und werden.

Alternde Männer sind bei erstmals auftretender, manchmal rein situativ bedingter Impotenz sehr bestürzt. Die männliche Perspektive sieht bei solchen Ereignissen nur die eigene Niederlage. Ohne zusätzliche Bemühung um Empathie für die Partnerin wird dem Mann in seiner eigenen Bestürzung gar nicht einsehbar, daß die Frau seine Impotenz als eine Niederlage für sie erleben kann. Denn in der Regel schließt sie aus der Impotenz des Mannes, daß es der Mangel an Reizen ihrer Person, ihres Körpers gewesen sei, der das Defizit bei ihm entstehen ließ.

Wie wichtig vielen Frauen der Coitus nicht nur zur Bestätigung ihrer Weiblichkeit, sondern *ihrer Person* ist, können sich Männer vermutlich gar nicht so leicht vorstellen. Heute über 70jährige Männer sind mit einer wenig hinterfragten Sicht der Frau als Lustobjekt aufgewachsen. So werden die in der Sexualität mitspielenden Anerkennungswünsche der Frauen von den heute älteren und alten Männern höchst unzureichend wahrgenommen. Selbstbestätigung liefern, so das Konsumpotential vorhanden ist, für die (älteren) Frauen dann ersatzweise Juweliere und Teppichhändler ...

Auf dem Hintergrund des generellen Schlankheitsideals könnte die als soziales und sozial-medizinisches Phänomen feststellbare Überernährung der Frauen gleichzeitig als orale Ersatzbefriedigung und als Rache am Mann, der die schlanke Frau will, aufgefaßt werden. Der psychische Mechanismus dabei wäre: »Gibst du mir sexuell nicht das, was ich möchte oder brauche, gibst du mir nicht das an Zeit, was ich wünsche und brauche, so bestrafe ich dich, der du die schlanke Frau willst, indem ich für dich sexuell nicht mehr so anziehend bin, weil ich eben dick werde.«

Doch sollte die zunehmende Bemühung vieler Frauen im Alter über 50 zur Aufrechterhaltung ihrer positiven Selbstpräsentation nicht übersehen werden. Modische Kleidung, Frisur, Färben der Haare und Einsatz von Hautcremes und Make-up als wichtiger Aspekt der Selbstgestaltung und Selbstachtung werden bis ins hohe Alter eingesetzt.

Mißbrauch von weiblichen Kindern und jungen Mädchen durch den alten Mann tritt nach neueren Untersuchungen bei nur einer kleinen Minderheit auf. Die überwiegende Mehrheit der sexuellen Gewalt gegen Kinder und Jugendliche wird von Tätern verübt, die weniger als 40 Jahre alt sind.

Zunehmend wird jedoch bei sexueller Frustration das Augenmerk auf Gewalt von alten Männern gegen gleichaltrige oder etwas jüngere Frauen zu richten sein. In dem Maße, in dem Sexualität im Alter nicht mehr prinzipiell gesellschaftlich abgewertet wird, entsteht natürlich auch die Gefahr überhöhter Erwartungen einzelner alter Menschen an sich selbst samt daraus folgenden frustrierten Reaktionen. Kulturelle Wandlungsprozesse und damit verbundene Aufwertungen – wie bei der Sexualität im Alter – bringen also auch neue Gefährdungen und Risiken mit sich.

Erotik und Sexualität als
Reifungsprozesse

Glück in Eros, Liebe und Sexus erfordert Gedankenarbeit und Reflexion über die eigene Situation. Ohne Aktivierung und Reflexion gibt es kein Glück. Seit der europäischen Antike wird Glück mit der Bemühung um Ziele verbunden. Die *Verfolgung* der Ziele bringt das Glück. Heute halten wir darüber hinaus viele Formen von Nachreifung bei der Bemühung um Beziehungsprobleme samt Lösungsversuchen für die Glücksfindung für wichtig.

Zum Glück im Alter gehört auch die Befassung mit den eigenen Grenzen, die Selbstauslotung. »Späte Freiheit« sollte allerdings nicht nur den harten und abgrenzenden Rahmen der Endlichkeit anerkennen, sondern auch das übersteigende Bewegen der Liebe. Am Ende eines langen Kloster- und Mystikerlebens, als alter Mann schrieb der amerikanische Trappisten-Mönch Thomas Merton, bewegt von einem eigenen, sein bisheriges Leben sprengenden Erlebnis, der ihn – entgegen seinem langjährigen asketischen Leben – tief entflammenden Liebe zu einer konkreten, lebenden Frau:

»Nichts kann jemals wirklich schaden,
Dem, der sich völlig verliert
In die Liebe zu einem anderen.«

Das abschiedliche Dasein des Alters erleichtert die Offenheit für »Überschreitungen«. Diese können für Männer wie für Frauen Reifungsprozesse im Alter bedeuten. Eine solche Matureszenz beinhaltet die Erweiterung des eigenen Handlungsspielraums als Realisierung »später Freiheit«. Sie erfordert aber auch Selbsttransformation zur Erhöhung von Wahrheitsfähigkeit und damit auch die Entblockierung von Wahrnehmung, von Denk- und Handlungsmöglichkeiten, innere Revision, Aufgeben von Vorurteilen.

Der Gesundheitszustand der Älteren hat sich in den letzten drei Jahrzehnten verbessert, besonders stark sind die Gesundheits*chancen* gestiegen. Auch dies ist für die Sexualität im späten Leben ermutigend. Sexualität wurde zuerst bei den Jungen und dann bei den Frauen zum Emanzipationssymbol. Die Alten ziehen nun auf Grund verbesserter Lebens- und Gesundheitsbedingungen und veränderter kultureller Voraussetzungen nach. Der Bereich der Sexualität läßt sich als *Reifungsweg* für die Gesamtperson verstehen. Entwicklungen der Sexualität sind Mitursache für den nie abgeschlossenen Prozeß der Reifung im späten Erwachsenenalter. Die nachgewiesene prinzipielle Therapiefähigkeit über 50jähriger oder die alter Paare ist Teil dieser Reifungskapazität.

Die Scheidungsrate bei über 60jährigen ist im Steigen begriffen. Was einerseits als »späte Freiheit« erscheint, wird andererseits zum »späten Schmerz« von Verlassen und Verlassenwerden. Wenn auch in einer scheiternden langfristigen Partnerschaft niemals nur *einem* Partner die ganze Schuld zuzurechnen ist, so sind es bis jetzt mehrheitlich die Frauen, die verlassen werden. Sie finden weniger leicht neue Partner als die Männer über 50. Darin drücken sich Männermacht und Männerlust, aber auch das Einkommensgefälle zwischen Mann und Frau in unserer Gesellschaft aus. Offen ist, inwieweit die Lust des (älteren) Mannes auf die jüngere Frau generell anthropologisch verwurzelt oder vorwiegend kulturell konditioniert und mit der

Männermacht in der Gesellschaft gekoppelt ist. Es ist noch unsicher, welche Chancen die erotisch-sexuelle Verbindung des jungen Mannes mit der (weitaus) älteren Frau durch die Emanzipation der Frau in Zukunft haben wird.

Das entweder vor ihr verborgene oder von der Frau tolerierte »Fremdgehen« älterer Männer ist ein häufiges Phänomen. Dieses »Fremdgehen« nimmt zu, wenn die erotische Anziehung langfristig verbundener Partner entscheidend abnimmt. Soll man ein solches »außengestütztes«, durch »Nebenbeziehungen« die Partnerschaft oder Ehe aufrechterhaltendes System einer klaren Trennung der älter gewordenen Partner vorziehen? Das ist wohl immer nur für den Einzelfall zu beantworten.

Überschreitung bewußten Lebens durch Erotik ist kein Selbst-Verlust im Diffusen. Wenn Eros den Menschen in seinem Höhenflug das Licht der Wahrheit streifen läßt, wenn also Liebe jenseits des Alltags erleuchtend wirkt, entsteht ein starker Impuls für das »Werden zu sich selbst« (Rentsch 1992).

Liebe bleibt selbst im institutionalisierten Langfristprozeß von Partnerschaft und Ehe *risikohaft,* auch für die älteren Menschen. Das ist der Preis für die Individualisierung. Allerdings kann das Risiko Früchte tragen: Wer sich verliert, wer sich hingibt, wer sich erkennen läßt, wird sich gewinnen; zu dieser Einsicht gelangt auch die mystische Lehre von der Liebe.

Alterssexualität im Kulturvergleich

Auf der Basis von Untersuchungen zur kulturspezifischen Alterssexualität, wie sie beispielsweise in der Japanologie (Formanek 1994) erarbeitet und in Ansätzen vom Verfasser in eigenen Studien in Westafrika durchgeführt wurden (Rosenmayr 1992, 1994), lassen sich Aussagen zur Alterssexualität in anderen Kulturen treffen.

Überkulturell zeigen sich gewisse *Gemeinsamkeiten* in der normativen Beeinflussung der sexuellen Praxis im Alter. Dies trifft dann besonders zu, wenn man von traditionellen Hochkulturen ausgeht, in denen gegenüber stammesgesellschaftlicher Altenmacht Standards von Schönheit und Kraft der Jugend in den Vordergrund traten.

In allen Kulturen wird Männern (oder auch Frauen) um so eher Sexualität und Erotik zugebilligt, je mehr *Einkommen* oder *Macht* sie haben. In fast allen untersuchten Kulturkontexten tritt hinsichtlich Eros und Sexus im Alter neben *ermutigenden Zeugnissen* auch eine Fülle von *pessimistisch-verzichtorientierten Lamentationen* über Verlust von Schönheit, Anziehungskraft und Gelegenheiten zur geschlechtlichen Liebe im Alter auf. In fast allen Kulturen, die den Wert der Jugendlichkeit betonen, wird die Sexualität älterer Männer und Frauen *lächerlich* oder *verächtlich* gemacht.

Naturbezogene oder *naturmystische* Konzeptionen wie die des aus China stammenden Taoismus sehen außer in der Langlebigkeit auch in der erotischen Erfüllung hohe Werte. Demgegenüber finden wir in buddhistischen Traditionen mit Ausnahme des Tantrismus keine positive Bewertung der Sexualität im Alter. Der Buddhismus, vor allem das Hinajana (strenge Richtung des Buddhismus), verlangt die Ablösung von jeglichem Begehren (trsna). Dies ergibt sich aus dem auf Buddha rückführbaren Verständnis des Alters als eines der vier Übel. Geborenwerden, Krankheit, Alter und Tod sind diese vier Grundübel, die es durch die Beseitigung und Überwindung von *trsna* (Begehren, Lebensdurst) zu überwinden gilt. Trotzdem finden sich Ausnahmen in tantrischen Traditionen des Buddhismus, in denen spirituelle Ablösung vom Alltag und meditative Praktiken mit bestimmten orgiastischen Momenten vereinbar erscheinen. Auch die intellektuell-künstlerische Zen-Tradition des Buddhismus kennt Brückenschläge zwischen Buddhismus und personal durchdrungener Sinnenfreude, einschließlich der Sexualität. So schrieb der über 70jährige japanische buddhistische Abt Ikkyu, der eine blinde Zen-Nonne liebte, die wunderbar sang und ihm zugetan war, gegen Ende des 15. Jahrhunderts:

> »Ich liebe – ich denke –
> Ich liebe – ich erinnere mich –
> Liebe sprengt meine Brust,
> Sprengt meine Gedanken.
> Kein Gedicht, keine Prosa,
> Nicht eine Silbe fällt mir ein.
> Ich bin ein Erleuchteter,
> Doch solches Wissen allein
> Hilft meinem Herzen nicht.«

Im Islam findet sich trotz der verschiedenen massiv einschränkenden und die Lebensführung bestimmenden Normen, wie die Verhüllung der Frauen in der Öffentlichkeit, das Alkoholverbot, das Gebetsgebot und die strengen Fastenregeln, ein grundsätzlich *erotik-zugewandtes* Verständnis auch des höheren Alters. Dies steht in schroffem Gegensatz zur Auffassung von der Notwendigkeit der Ablösung der Alten von der Sinnlichkeit, wie sie im traditionellen Hinduismus und im Buddhismus gefordert wird.

Wo sich der Islam in Afrika ausbreiten konnte, verstärkte er die positive Bewertung der Sexualität auch des alten Mannes, wie sie fast allen *patrilinearen* Stammesgesellschaften eigen ist. Ein besonderes Beispiel für die anregende Bedeutung der islamischen Akzeptanz der Alterssexualität ist die Inspiration Goethes durch die von ihm im Alter von 65 Jahren rezipierte und teils übersetzte Liebeslyrik des mittelalterlichen persisch-islamischen Dichters Hafis.

Ein durch die allgemeine Verbreitung der westlichen Zivilisation über den Globus weltgeschichtlich folgenreicher Sonderfall ist die historische Bewertung der Sexualität im *Abendland*. Sehr früh in der Geschichte Europas, in der vorklassischen griechischen Tradition, dominierte hinsichtlich der Alterssexualität die Alters*klage*. So betrauert der Dichter Mimnermos im 6. Jahrhundert vor Christus den Verlust von sinnlicher Liebe und Erotik im Alter. Dieser Klage wird vom Philosophen und Staatsmann Solon die *Lernfähigkeit* im Alter teils auch als eine Form der Kompensation für die Verluste der Sinnlichkeit gegenübergestellt.

In der Tragik, ganz deutlich bei Sophokles, der in seinem Drama »Ödipus auf Kolonos« den alten Ödipus zum Himmel, zu den Göttern auffahren läßt, wird der alte Mensch »entsinnlicht«. Auch plädiert am Schluß des »Symposion« und in der »Politeia« Platon für die Weisheit der Alternden und gleichzeitig für deren Ablösung von der konkretisierenden Sinnenfreude. An deren Stelle sollen Vergeistigung und eine von der konkreten Einzelliebe abgelöste generelle Schönheitsbezogenheit treten. Indem er nach dem

Ende der Gespräche des *Symposions* nicht ein gemeinsames Lager mit seinem Liebling Alkibiades aufsucht, gibt der alternde Sokrates seinen Verzicht auf Sexualität auch deutlich nach außen hin kund.

Wenn auch die römische Lyrik und Idyllik Sinnenfreude kultivierte, so steht bei Horaz Liebesverzicht im Alter im Vordergrund. Horazens Wort: »Nütze den Tag!« ist als Vollzugsaufforderung zu verstehen. Ehe das graue, kalte Alter von sich aus die Liebeserfüllung durch Sinnlichkeit verhindert, solle sie genossen werden. Der »Winter des Lebens« lasse – so Horaz – keine Rosen mehr erblühen. Durch die große Bedeutung dieses Dichters für Literatur und Poesie des europäischen Mittelalters und der Renaissance ist für die Interpretation des Lebenslaufs das »Carpe diem« in Europa folgenreich geworden.

In der Ablehnung und im Lächerlichmachen der sinnlichen Liebe im Alter – so bei Aristophanes – und im schmerzlichen Verzicht hat die griechisch-römische Antike den Boden für die so folgenreiche Kontrolle der Sexualität durch die christliche Kirche bereitet. Alte, beispielsweise Witwen, dürfen, wie in den Briefen des heiligen Paulus nachzulesen ist, in die Gemeinschaft der jungen Kirchengemeinden nur dann integriert werden, wenn sie sich auf das entschiedenste in die *Askese* begeben. Alte, die Ehepartner verloren haben, soll man zwar als Väter und Mütter betrachten, aber in diesen Rollen sollten sie sorgfältig auf Sündenanfälligkeit beobachtet werden. Besonders die Witwen seien durch Geschwätzigkeit, Gefallsucht und Abspenstigmachen von Verheirateten gefährlich. Nach der kirchlichen Altenpastoral sollten Stützung *und* Kontrolle geboten werden. Die dominierende kirchliche Lehre im Mittelalter forderte den

Rückzug der Alten aus voller Realisierungspraxis des Lebens und so auch aus Eros und Sexus. Das war insofern »konsequent«, als ja Sexualität nach christlicher Morallehre primär auf ihre Dienlichkeit zur Vermehrung orientiert sein sollte, allenfalls noch auf Festigung der Beziehung zwischen den Gatten. Die christliche Botschaft ersetzt die Eros-Praxis im wesentlichen durch eine Verpflichtung zur Liebe. Und letztere wird als Zuwendung unter dem Gesichtspunkt von Stützung und Moralisierung der zwischenmenschlichen Beziehungen interpretiert.

Auf dem Hintergrund vieler hedonistischer Tendenzen der Spätantike und der Genußkultur des Römischen Reiches samt ekstatisch-sexuellen Mysterienkulten der mittelmeerischen und orientalischen Welt ist diese Moralgebundenheit des Christentums als einer neuen religiösen Bewegung in gewisser Weise verständlich. Für die Etablierung des Christentums als einer Weltreligion mit globalem Erlösungsanspruch und straffer kirchlicher Organisation war diese Moralisierung in einer bestimmten Phase vielleicht von Vorteil. Aber die ungenügende Abwehr des leibfeindlichen und die Sexualität negierenden Manichäismus durch die Kirche im 4. und 5. Jahrhundert führte dazu, daß auch die Sexualität der Alten im Abendland offiziell stärker als in allen anderen Kulturen der Welt unterdrückt wurde. Da mußte auch der Eros im späten Leben zu kurz kommen, weil er für die Zeugung nicht mehr funktional war und damit auch keine volle Funktion im Sinne der Kirche mehr haben konnte.

Zwar haben Minnesang und mystische Liebesdichtung in den großen Epen des *Mittelalters* den Ansturm der Sinnenfreude und ihre kulturelle Gestaltung wirksam auszudrücken vermocht. Sie brachten eine teils spiritualisierende, teils konkretisierende Erotik als Gegentrend zum zölibatär und monastisch sich orientierenden kirchlichen Mainstream ans Licht. In der Liebeslyrik finden sich bei den volkszugewandten mittelalterlichen Dichtern wie Neidhart von Reuenthal Aussagen zur Begünstigung und Realisierung des Eros im Alter. Trotzdem dominieren insgesamt *Ironisierung* und das *Lächerlichmachen* der Liebesbedürfnisse der Alten. Wir finden dies im ausgehenden Mittelalter bei Geoffrey Chaucer in den »Canterbury Tales« und in der Renaissance bei Giovanni Boccaccio im »Decamerone«. Eros wird ja mit Jugend identifiziert.

Erst die modernen Wissenschaften mit ihren vorwiegend optimierenden und kurativen Tendenzen wagten im Westen das Lächerlichmachen oder Tabuisieren der Alterssexualität zu durchbrechen. Im 19. Jahrhundert hatten es selbst freie Geister wie Gustave Flaubert mit einem Schuß Tragik in der Novelle »September« noch aufrechterhalten. Selbst im 20. Jahrhundert stellte Gerhart Hauptmann in seinem Drama »Vor Sonnenuntergang« das tragische Scheitern der Altersliebe in den Vordergrund. Erst in der zweiten Hälfte des 20. Jahrhunderts konnte die positive Sicht der Erotik und Sinnenliebe des Alters hervortreten. Wir sind Zeugen dieses weiterhin andauernden Prozesses.

Nachwort

Zur Selbstkritik der Alternsforschung

> »Es gab noch nicht das öde Spezialistentum, das mit Hornbrille und Dünkel die Poesie zerstört.«
> (Albert Einstein am 27. Dezember 1952 über Michael Faraday, dessen Ideen zum Elektromagnetismus eine Vorstufe zur Entwicklung der Relativitätstheorie bildeten.)

Der Mensch neigt dazu, eigene ungelöste Probleme von sich abzuschieben und sie dort zu bearbeiten, wo die Bewältigung weniger schmerzhaft ist. Mein Verdacht ist, daß dies auch in der Forschung über Altern und Alter geschieht. Wenn ich Gerontologie betreibe, so müßte ich mir die Frage Friedrich Nietzsches stellen: »Was tue ich da, was ich da tue?« Und warum tue ich es? Inwieweit ist die Gerontologie für mich vielleicht eine Form des Problem-Abschiebens und damit der Selbsttäuschung? Erspart mir die Gerontologie, mich mit dem eigenen Altern auseinanderzusetzen?

Das Abschieben eigener Probleme ist eine stark unterschätzte Selbstbeeinträchtigung, die auch auf das eigene Denken zurückschlägt. Das Abschieben verstümmelt die Perspektiven und verdeckt den Zwiespalt, den man bei sich nicht wahrnehmen will. Übersieht der »klinische Blick«, jene stets auf Diagnose und Verbesserung gerichtete Sicht der Gerontologie, die Tragik menschlichen Alterns? Ist in diesem Sinn der gerontologische Blick ein Vermeidungsblick geworden?

Die Begriffe »Verzicht« oder »Preisgabe« fehlen heutzutage in der überoptimistischen Gerontologie. Die Negativa des Alters erscheinen wie ausgefegt. Hat die kurzsichtige Grundhaltung der Vertröstung, wie sie in der populistischen Politik zu finden ist, auch die Wissenschaftler erfaßt? Optimistische Sauberkeit herrscht auf den Schreibtischen der Gerontologen. Mit Verbesserungsbemühen allein läßt sich das kaum zureichend erklären. Der professionell demonstrierte Überoptimismus weckt den Verdacht, er stamme aus der Illusion, man könne alles abwenden, folgte man nur den aus Ergebnissen der Wissenschaft abzuleitenden Ratschlägen. Auch die Wissenschaft ist offenbar nicht davor gefeit, dem Machbarkeitswahn auf den Leim zu gehen. Mehr Kontakt mit der Geriatrie (der Altersmedizin), der Krankheit und Tod vor Augen stehen, könnte solche Einseitigkeit kurieren.

Merkwürdig, denn schließlich hatte doch eine Kultur über viele Jahrhunderte hinweg das Kreuz als Grundchiffre für das Scheitern des Menschen- und Gottessohns, des Religionsstifters der westlichen Zivilisation, in das Zentrum ihrer Lebensauslegung gestellt. Und nun ist diese Kultur nicht imstande, das tägliche Scheitern und Sterben in irgendeine Alternstheorie auch nur annähernd glaubhaft zu integrieren? Gibt es andererseits eine »Frohe Botschaft« für das Altern und für die Alten? Das müßte aber eine Botschaft sein, die trotz Schmerz, Verlusten, unfreiwilligen Einsamkeiten und Ängsten in das Leben hineinwirken und es verändern könnte.

Dichter und Zeitgenossen haben sich nicht durch Überoptimismus die dunklen Zonen erspart, in die man bei einer Lebenslauf- und Alternsbilanz geraten muß, wenn man nur ein Gramm Aufrichtigkeit sich selbst gegenüber bewahrt hat. Wo keine Angst erlebt und wenigstens teilweise eingestanden wird, kann auch kein Trost, kann keine innere Rekonstruktion, kein Schritt in die »späte Freiheit« hinein erfolgen.

Erst wo Sätze wie jener Eugenio Montales aus einem Lebenslaufgedicht herauspeitschen: »Zu spät, willst Du jetzt noch Du selbst sein«, wo von Ratten und Blitzen die Rede ist, die durch die Lebensbilanz hindurchfahren, wird in jene dunklen Winkel des Bewußtseins hineingeleuchtet, wo die Fragen hausen, die man sich ungern stellt. Solche Fragen sind: Wo und wie soll man anfangen, Haltungen und Hoffnungen im Alter einzuschränken? Mit welchen inneren Ressourcen von Metaphysik und Moral, von Jenseitsglauben oder Jenseits und Diesseits verbindendem Glauben kann man über die Konsum- und Freizeitparadiese der Marktmacher hinaus Ziele finden? Unter welchen sich selbst glaubhaft vorgehaltenen Motiven? Gerade diese Fragen, die den Alltag transzendieren, erzeugen aber, einmal geweckt, Lebenswachheit. Und Wachheit ist eine notwendige Voraussetzung für den Einklang mit sich selbst. Im Schmerz, in der Einsamkeit führen solche Fragen »zur Lebenseinheit im Augenblick des Glücks und des Todes« (Wilhelm Dilthey).

Die Preisgabe des im Grunde naiven, als wissenschaftlich angebotenen Überoptimismus hinsichtlich des Alterns schließt nicht aus, die Chancen der Weiterentwicklung, der Reifung im späten Leben wahrzunehmen und auszunutzen. Prophylaxe, Rehabilitation und das innere Studium der Reifungschancen werden aber erst dann voll wirksam, wenn sie alle auf dem klar gesehenen Hintergrund von bestimmten unverrückbaren Grenzen gesehen werden. Die eigentliche Frömmigkeit, so Sören Kierkegaard, liegt nicht in der Zuwendung zur Unendlichkeit, sondern im Gegenteil im inneren Begreifen und Akzeptieren der Endlichkeit.

Wagen wir es als Wissenschaftler auch, gegenüber Fragen ratlos zu sein – wenigstens zeitweise! Politiker und Politikerinnen dürfen es sich offenbar nicht leisten, auf irgendeine Frage keine Antwort zu wissen. Und die Medien müssen jede Woche mit neuen Antworten das Heer der Leser und Seher unterhalten. Wissenschaftler sollten mehr Mut zum Eingeständnis von Nichtwissen aufbringen. Durch die Einblicknahme in die Abgründe der Vielfältigkeit der Problemstellung, die durch die Praxisorientierung noch deutlicher sichtbar werden, könnte sich die Alternsforschung zu einer Variante des sokratischen »Scio nescio« durchringen. In einer die Ironie des Sokrates aktualisierenden Übersetzung wäre dies dann das Eingeständnis: »Ich weiß leider, wie wenig ich weiß.« Vielleicht erleichtert das disziplinübergreifende Denken und, wo sie glückt, die disziplinverbindende Forschung, die Überwindung »des öden Spezialistentums« (Einstein), das Eingeständnis der Stückhaftigkeit eigenen Wissens.

Literaturverzeichnis

Amann, A., Die vielen Gesichter des Alters. Wien: Edition S 1989.
Attias-Donfut, C., Les solidarités entre générations. Paris: Nathan 1995
Baltes, P.B., Über die Zukunft des Alterns: Hoffnung und Trauerflor. In: Baltes, M., Montana, L. (Hrsg.), Produktives Leben im Alter. Frankfurt a.M.: Campus 1996, S. 29–68.
Beck, U., Beck-Gernsheim, E., Nicht Autonomie, sondern Bastelbiographie. In: Zeitschrift für Soziologie, 22/33, 1993, S. 178–187.
Beck, U., Die Erfindung des Politischen. Frankfurt a.M.: Suhrkamp 1993.
Binstock, R.H., The Aged as Scapegoat. In: The Gerontologist, 23/2, 1983, S. 136–143.
Buber, M., Urdistanz und Beziehung. Heidelberg: Schneider 1978.
Busta, Ch.., Inmitten aller Vergänglichkeit. Salzburg: Otto Müller 1985.
Cowgill, O., Holmes, D., Aging and Modernization. New York: Meredith 1972.
Dhlomo, H., Die Alten. In. Jahn, J. (Hrsg.), Schwarzer Orpheus. Frankfurt a.M.; Fischer, 1960, s. 37–38.
Dieck, M., Naegele, G., »Neue Alte« und alte soziale Unsicherheiten – vernachlässigte Dimension in der Diskussion des Altersstrukturwandels. In: Naegele, G., Tews, H.P. (Hrsg.), Lebenslagen im

Strukturwandel des Alters. Opladen: Westdeutscher Verlag 1993, S. 43–60.

Dilthey, W., Über das Studium der Geschichte der Wissenschaften vom Menschen, der Gesellschaft und den Staat (1875). In: Ders., Gesammelte Schriften, Bd. 5, 3. Aufl. Stuttgart: Teubner 1961.

Formanek, S., Denn dem Alter kann keiner entfliehen. Altern und Alter im Japan der Nara- und Heinan-Zeit. Wien: Verlag der Österreichischen Akademie der Wissenschaften 1994.

Friedan, B., Mythos Alter. Reinbek: Rowohlt 1995.

Giddens, A., Modernity and Self-identity. London: Polity Press 1991.

Gronemeyer, R., Die Entfernung vom Wolfsrudel. Über den drohenden Krieg der Jungen gegen die Alten. Düsseldorf: Claassen 1989.

Habermas, J., Vergangenheit als Zukunft. München: Piper 1993.

Heinzelmaier, B., Jugendstile und Jugendkultur. In: Jugendreport, 1/1, 1992, S. 34-36.

Hersch, J., Quer zur Zeit. Essays. Zürich: Benziger 1990.

Hörl, J., Lebensführung im Alter. Heidelberg: Quelle & Meyer 1992.

Hummel, K., Bürgerengagement. Seniorengenossenschaften, Bürgerbüros und Gemeinschaftsinitiativen. Freiburg i.B.: Lambertus 1995.

Kempowski, W., Das Echolot – Ein kollektives Tagebuch Januar und Februar 1934. München: Knaur 1993.

Kierkegaard, S., Die Krankheit zum Tode. Reinbek: Rowohlt 1966.

Kohli, M., Erwerbsarbeit und ihre Alternativen. In: Baltes, M., Montada, L. (Hrsg.), Produktives Leben im Alter. Frankfurt a.M.: Campus 1996, S. 154–175.

Kolland, F., Kulturstile älterer Menschen. Wien: Böhlau 1996.

Kummer, H., Weiße Affen am Roten Meer. Das soziale Leben der Wüstenpaviane. München: Piper 1992.

Lehr, U., Kontinuität und Diskontinuität im Lebenslauf. In: Rosenmayr, L. (Hrsg.), Die menschlischen Lebensalter – Kontinuität und Krisen. München: Piper 1978, S. 315–340.

Lehr, U., Psychologie des Alterns. 7. Aufl. Heidelberg: Quelle & Meyer 1991.

Majce, G., Rosenmayr, L., Altenbild in Österreich. Wien: 1991 (Mimeo).

Merton, Th., Zeiten der Stille. Freiburg/Wien: Herder 1992.

Radebold, H., Die psychosomatische Sicht alternder Menschen. In: Thure von Uexküll (Hrsg.): Psychosomatische Medizin. Wien–Baltimore: Urban & Schwarzenberg 1986 (3. Aufl.), S. 1079–1108.

Rentsch, Th., Philosophische Anthropologie und Ethik der späten Lebenszeit. In. Baltes, P.B., Mittelstraß, J. (Hrsg.), Die Zukunft des Alterns und gesellschaftliche Entwicklung. Berlin. Walter de Gruyter 1992, S. 432–460.

Rorty, R., Solidarität oder Objektivität?. Stuttgart: Reclam 1988.

Rosenmayr, L., Die späte Freiheit. Das Alter – ein Stück bewußt gelebten Lebens. Berlin: Severin & Siedler 1983.

Rosenmyar, L., Älterwerden als Erlebnis. Herausforderung und Erfüllung. Wien: Atelier Verlag 1988.

Rosenmayr, L., Die Kräfte des Alters. Wien: Atelier Verlag 1990.

Rosenmayr, L., Die Schnüre vom Himmel. Forschung und Theorie zum kulturellen Wandel. Wien. Böhlau 1992.

Rosenmayr, L., Streit der Generationen. Wiener Vorlesungen, Wien: Picus 1993

Rosenmayr, L., Köckeis, E., Umwelt und Familie alter Menschen. Soziologische Texte 21. Neuwied-Berlin: Luchterhand 1965.

Rosenmayr, L., Kolland, F., Majce, G., Gesundheit und Sinnfindung im Alter. Wien: Adolf Holzhausens Nfg. 1996.

Rosenmayr, L., Plus que la sagesse: viellir à Sonongo (Mali). In: Rosenmayr, L., Attias-Donfut, C. (Hrsg.), Vieillir en Afrique. Paris: Presses Universitaires de France 1994, S. 13–15, S. 251–307.

Rosow, I., Status and Role Change through the Life Span. In: Binstock, R.H., Shanas, E. (Hrsg.), Handbook of Aging and the Social Sciences. New York: Van Nostrand Reinhold 1976, S. 457–482.

Starr, B.C., Weiner, B.D., Liebe und Sexualität in reiferen Jahren. Bern: Scherz 1982.

Tews, H.-P., Ältere Menschen und bürgerschaftliches Engagement. In. Hummel, K. (Hrsg.), Bürgerengagement. Seniorengenossenschaften, Bürgerbüros und Gemeinschaftsinitiativen. Freiburg i.B.: Lambertus 1995. S. 80–128.

Willi, J., Die Ehe im Alter in psych-ökologischer Sicht. In: Familiendynamik, 4/4, 1986, S. 294–306.

Wenn Sie weiterlesen möchten...

Karl König
Kleine Entwicklungspsychologie des Erwachsenenalters
Transparent 23

Wie wichtig die Prägungen in der Kindheit für das Leben des Menschen sind, wissen wir heute. Aber es ist ein großer – und bequemer – Irrtum zu meinen, damit wäre schon alles entschieden.
Der Psychoanalytiker Karl König eröffnet hier eine Sichtweise, in der die Chancen wie auch die Risiken in der Lebensgestaltung des Erwachsenen neu vermessen werden. Jenseits der Dreißig können wir nicht mehr andere Menschen werden. Aber wir können dem Leben Richtung geben; wir können Gefahren meiden, die in uns stecken, und wir können Möglichkeiten ergreifen, die wir zuvor nicht gesehen haben.
Die Karten werden nicht mehr neu verteilt. Man kann sie jedoch anders spielen. Und es geht, das erkennen erst Erwachsene, nicht um ein Spiel, es geht ums ganze Leben.

Heinz Günther Klatt
Alle die Jahre – wo sind sie hin?
Erfahrungen mit dem Gedächtnis im Alter
Transparent 25

Dem Gedächtnis alter Menschen nachzugehen, ist eine bereichernde, wenn auch manchmal beschwerliche Aufgabe. Der Autor zeigt, daß der alte Mensch wesentlich Gedächtnis ist – weit zurückgewandt, aber auch nach vorn gerichtet. An Dichterworten belegt er diese Einsichten.

Richard Boeckler / Klaus Dirschauer (Hg.)
Emanzipiertes Alter
Band 1: Sachbuch

Das Altern will – beizeiten – gelernt sein. Das ist die Überzeugung der Herausgeber und Autoren dieses Sachbuches. Sie benennen differenziert die Alternsphasen des Menschen und ermutigen dazu, den eigenen Alternsprozeß bereits früh zu akzeptieren und zu gestalten.

»Vor diesem Hintergrund entfalten die Autoren des Sachbuchs Gedanken, persönliche Pläne, beschreiben Entwicklungen ohne Idealen tagträumerisch nachzuhängen. Vielmehr geht es darum, die eigenen Möglichkeiten zu erkennen und weiterzuführen. Die im Buch geschilderten Erfahrungen lassen teilhaben am Nachdenken und Bemühen, Altern nicht passiv zu ertragen, sondern entsprechend den eigenen Vorstellungen bei Zeiten zu bedenken und Bedingungen zu gestalten. Herausgekommen sind anregende, offene, praktische, bisweilen visionäre Beiträge.« *Ev. Gemeindeblatt für Württemberg*

Klaus Dirschauer (Hg.)
Emanzipiertes Alter
Band 2: Werkbuch

Dieses Werkbuch ist unmittelbar aus der Begegnung, dem Umgang wie der Arbeit mit alten Menschen hervorgegangen. Es kann als ein Werkstatt-Buch der Altenarbeit verstanden werden. Das Spektrum der Erprobungen, die ermutigen, nachdenklich stimmen und zur Auseinandersetzung anregen, ist bewußt breit angelegt.

»Das Buch fächert die besonderen Probleme des Alterns in einer sehr einfühlsamen Weise auf. Dazu trägt die phantasievolle Gliederung und die bemerkenswert lebendige und persönliche Sprache bei.« *Weg und Wahrheit*

VANDENHOECK TRANSPARENT

32: Michael Pabel
Drei Minuten über Gott und die Welt
1996. ISBN 3-525-01810-X

31: Margaret Lincoln
Ich suche allerlanden eine Stadt
Stationen einer Pilgerreise
1996. ISBN 3-525-01807-X

30: Harald Posininsky / Cornelia Schaumburg
Schizophrenie – was ist das?
Eine Krankheit und ihre Behandlungsmöglichkeiten
1996. ISBN 3-525-01722-7

29: Rudolf Köster
Das gute Gespräch
Gesunden und Wohlbefinden im Dialog
1996. ISBN 3-525-01721-9

27: Christoph Schenk
Bewußtsein und Schlaf
Ein Brevier zur Entspannung
1996. ISBN 3-525-01719-7

26: Martin Koschorke
Die Liebe in den Zeiten der Wende
Aufzeichnungen aus der Eheberatung
1995. ISBN 3-525-01813-4

25: Heinz Günther Klatt
Alle die Jahre – wo sind sie hin?
Erfahrungen mit dem Gedächtnis im Alter
1995. ISBN 3-525-01812-6

24: Sigrid Lichtenberger
Als sei mein Zweifel ein Weg
Gebet-Gedichte
1995. ISBN 3-525-01811-8

23: Karl König
Kleine Entwicklungspsychologie des Erwachsenenalters
1995. ISBN 3-525-01718-9

22: Harry Stroeken
Tochter sein und Frau werden
Bericht von einer geglückten Psychoanalyse
1995. ISBN 3-525-01717-0

21: Rainer Schönhammer
Das Leiden am Beifahren
Frauen und Männer auf dem Sitz rechts
1995. ISBN 3-525-01716-2

20: Reinhard Deichgräber
Ich freue mich, daß es mich gibt
Vom Umgang des Menschen mit sich selbst
1995. ISBN 3-525-01809-6

VANDENHOECK TRANSPARENT

19: Christel Gottwals
Wie das Licht eines neuen Tages
Gedanken und Geschichten zum Besinnen
1995. ISBN 3-525-01808-8

18: Thomas Schleiff
Der Vogel mit dem Doktorhut
Vergnügt-besinnliche Tiergedichte
1995. Mit 15 Illustrationen von Gretje Witt.
ISBN 3-525-01806-1

17: Helmut Remmler
Das Geheimnis der Sphinx
Archetyp für Mann und Frau
2., überarbeitete Auflage
1995. Mit 23 Abbildungen.
ISBN 3-525-01715-4

16: Regula Bott (Hg.)
Adoptierte suchen ihre Herkunft
1995. ISBN 3-525-01714-6

15: Udo Hahn
Sinn suchen – Sinn finden
Was ist Logotherapie?
1994. ISBN 3-525-01805-3

14: Wolfgang Wiedemann
Heilsame Erschütterung?
Besinnungen zu Gesundheit und Krankheit
1994. ISBN 3-525-01804-5

13: Peter Kutter
Liebe, Haß, Neid, Eifersucht
Eine Psychoanalyse der Leidenschaften
1994. ISBN 3-525-01713-8

12: Glenn T. Koppel:
Wochenendlektüre: Träumen und Traumdeutung
1995. ISBN 3-525-01712-X

11: Harry Stroeken / Joop Smit
Biblische Schicksale in psychoanalytischem Blick
Aus dem Niederländischen von Dieter Maenner. 1995.
ISBN 3-525-01711-1

10: Konrad Jutzler
Aussicht auf Leben
Christliche Psalmen
1994. ISBN 3-525-01803-7

Alle Bände ca. 128 Seiten, kartoniert.